JN013054

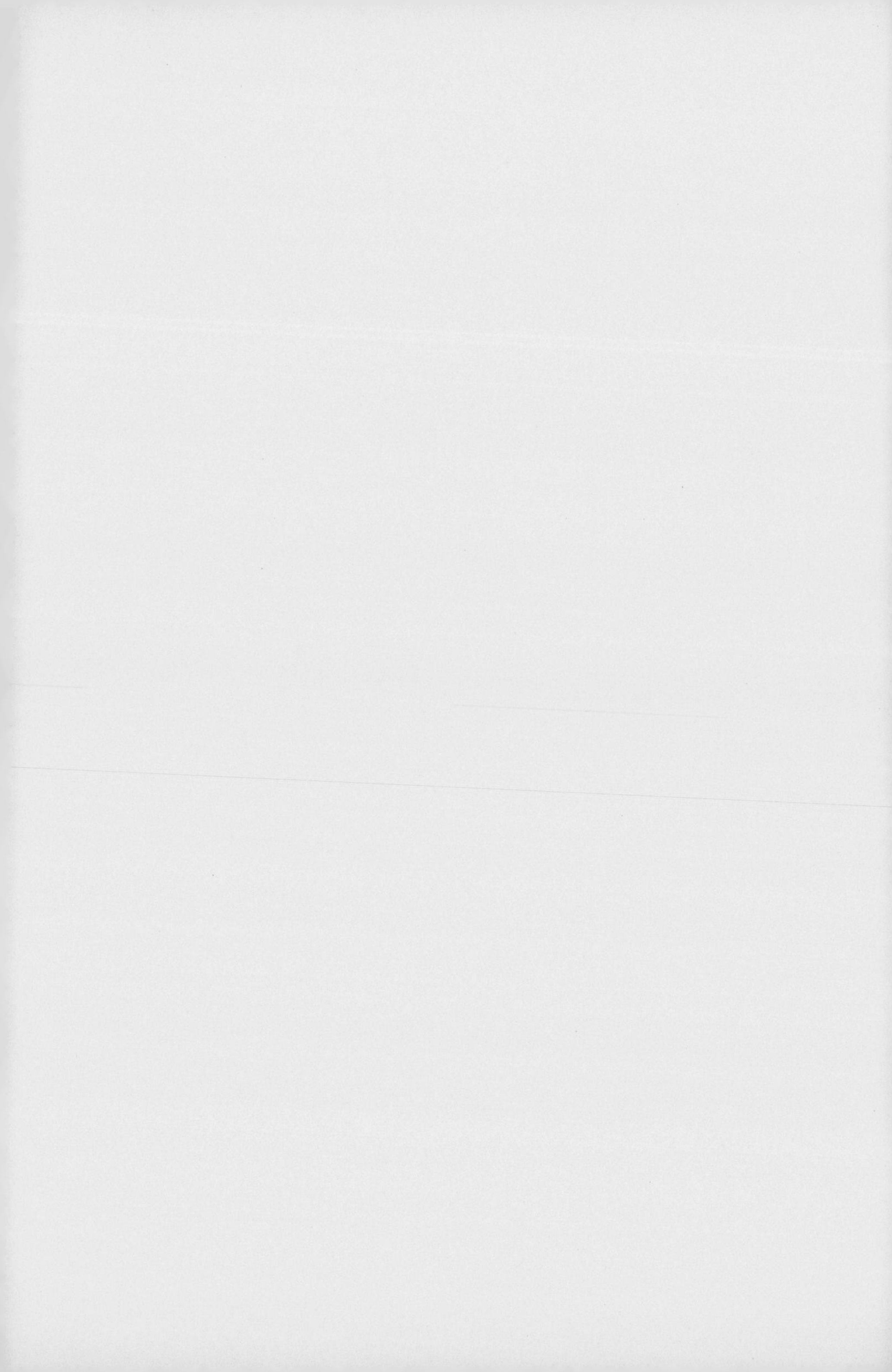

オガトレの超・超・超かたい体が柔らかくなる30秒ストレッチ

オガトレ

ダイヤモンド社

できるようになる！

超超超 硬いあなたも
こんなポーズが

はじめに

めちゃくちゃ体が硬かった僕が本当に体が硬い人向けに作った本です

はじめまして。オガトレです。

僕は理学療法士であり、ストレッチ系YouTuberでもあります。

世の中には今、ストレッチの情報があふれています。本やブログ、YouTubeなどでいろいろな人がさまざまな発信をしています。それ自体はとてもいいことだと思います。

ただし、それをよくよく見てみると、

「それって本当に体が硬い人にはできないんじゃないかな……」

と思うことがよくあります。

「まず長座（14ページ参照）で座って〜」っていうけど、その長座ができないいんだけど……。

「右足を横に出して〜」っていうけど、まず前にも出せないんだけど……。

っていうことがよくあるんです。

たくさんの情報があふれている中で、僕は本当に体が硬い人向けに動画を作ることを日々心がけ、YouTube にアップしています。

というのも、僕自身がもともと、めちゃくちゃ体が硬かったからなんです笑。

立ったまま床に手なんか全然つかないし、長座では座れない。

開脚したら足がつるし、イスに座ったら猫背になります。

でも、ストレッチを毎日するようになってからは、１８０度開脚もできるようになり、姿勢もよくなりました。サボるとすぐに戻ってしまいますが……笑。

そんな僕だから、本当に体が硬い人の気持ちや目線がよくわかります。よくわかるからこそ、体が硬い人の味方ですし、硬くて困っている人を救いたいと思っています。

実際、僕の YouTube 動画の中でも「超硬い人」向けのストレッチは、最も重要なシリーズであり、僕が動画を通して一番伝えたいことでもあります。

ありがたいことに現在は、多くの視聴者のみなさまに支えられ、〝日本最大のストレッチ専門チャンネル〟としての地位を確立することができました。

いただくコメントを読んでいると、本当に体が硬くて困っている人からのものが多いことに、僕自身とても驚きました。

「わかりやすいです」

「こんなチャンネル、ほかにはない！」

「理論的でいい」

「優しさが伝わってきますね」

「開脚、前屈ができるようになった！」

……など、ありがたいお言葉を数多くいただいていますが、とにかく、開脚や前屈など、これまでできなかったことができるようになったという感謝のコメントや反響がとても多いです。

そういった方々の期待を裏切らないよう、「超硬い人の手助けをしたい」という使命を果たす気持ちをさらに強くし、日々動画をアップしています。

体が硬いとケガも増えますし、不調も出てきてしまいます。ＰＣやスマホをよく触っていると、姿勢も悪くなってきます。

柔らかい体を目指す第１歩としては、毎日の生活にストレッチを取り入れてみるところから始めるのがおすすめです。自分で自分の体を整えることができますし、すこしずつ変化してくると楽しくなってきます。

日々の生活や趣味を、よりよく楽しいものに1upすることができます。

この本では、姿勢のプロである理学療法士としての知識を加えて、効果がより実感できるようなストレッチだけを集めました。

特に硬くなりやすい部位である「股関節」「肩甲骨」「足関節」の3カ所で、体の硬さに合わせてチャレンジできるように、「超」「超・超」「超・超・超」硬い人向けという3段階のカテゴリに分けています。

実践してみると……、どんなに硬い人でも、開脚ベターっも夢ではありません！

硬い体を柔らかくしてみませんか？

僕と一緒にチャレンジしてみましょう！

理学療法士、ストレッチ系YouTuber　オガトレ

体の硬い YouTuberたちからの喜びの声続々!

★しらスタ【歌唱力向上委員会】さん

URL https://www.youtube.com/channel/UCbVQGCsMcqC3q7OtX8iXy9Q

バキバキの股関節とお尻をもつ自分が開脚ベターっも夢じゃない日が来るなんて!!

居酒屋の座敷であぐらをかいたらお尻つる。そんなバキバキの股関節とお尻をもつ私が開脚ベターっも夢じゃない日が来るなんて夢にも思いませんでした。

オガトレの優しい語りをスマホ越しに聞いていると、1セットの30秒はあっという間。それを1週間続けてみたら……、なんと以前はまったくといっていいほど曲がらなかった上半身をラクに倒すことができたのです。

YouTuberという仕事柄、PCの前で8時間以上過ごすことはザラですが、いい姿勢をキープするのがラクになりました。ありがとうオガトレ。

体がと～っても硬いしらスタさんの 1週間チャレンジ！

1週間後

開脚ベターっ
めざすぞ！

結果が
出てますね！

★【性教育 YouTuber】シオリーヌさん

URL https://www.youtube.com/channel/UC4bwpeycg4Nr2wcrV9yC8LQ

冷え性でいつも冷たい足がじんわり。動画編集で凝った肩も軽く！

信じられないほど体の硬い私にとって、オガトレの動画はすでに生活に欠かせないものとなっています。開脚動画や足首が硬い人向け動画では、冷え性でいつも冷たい自分の足がじんわり温まっていくことを実感でき、肩甲骨をほぐす動画は編集で凝った肩を軽くするのにとても役立っています。

動画へのストイックな姿勢にも同じクリエイター仲間として励まされており、オガトレのチャンネルにはお世話になりっぱなしです！

今後ともよろしく！

★Pさん

URL https://www.youtube.com/channel/UCrfMc4Xiysx8G800VxJ36vQ

壁がないと長座ができなかった僕でも壁なしで座れるように!!

股関節が硬いといえば僕のこと！

そもそもストレッチができるのか？　早速試してみました！

僕は長座だと壁がないと倒れるほどなので「超・超・超硬い人向け」をやりました。オガトレさんがストレッチ中にもわかりやすく解説しながら一緒にやってくれるので、あっという間に10分間のストレッチが終了。

壁がないと長座ができていなかった僕が、壁なしでもギリギリ座れるようになりました！

内容も体に負担が少ないので、毎日継続もできますね！

★美容整体師川島さん。

URL https://www.youtube.com/channel/UCTGEpK4QW14v7C1tPG306Pw

何をしても伸びなかったのに、すぐに前屈で手が床につくようになった！

僕が一番思ったのは、オガトレさんのストレッチは本当にわかりやすいし、まとめられているのでやりやすいです。どこの筋肉を意識したらいいのかとか、専門家の僕から見てもレベルの高いことを視聴者の方でもわかるレベルまで落としてくれている理学療法士はなかなかいないです。

しかも一番僕がオススメしたいのは、動画の編集のクオリティです笑。ストレッチというちょっとめんどくさいことも編集で面白くしているので、見やすいし一緒にやりやすいです笑。

今まで何をしても伸びなかったハムストリングスも前屈で床に手がつくまでにすぐなりました！

今後もずっとお世話になっていきます！

★ドクターハッシー／内科医 橋本将吉さん

URL https://www.youtube.com/channel/UCsulu2ghMsPVFel5yVcb6aQ

毎日12〜18時間はイスに座る生活……その疲れが自然と取れるように体が軽い!!

仕事から帰ってきた後、凝り固まった体をほぐしたいのでオガトレさんの動画を見ました(^^)/

オガトレさんのストレッチをしてまず第一に感じたことは、体が軽い!!

毎日12時間とか18時間とかイスに座っているので、その疲れが自然と取れるような感覚です!!

オガトレさんの動画は30秒間やっている間でも詳しく説明してくれるし、一人でもやりやすいです！

自分のルーティーンになりそうです〜♪

★寺田家TV - TERADA TV さん

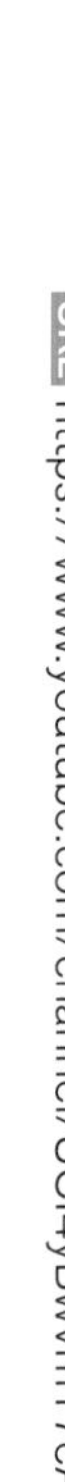
URL https://www.youtube.com/channel/UCl4yBwm17eA6VzkrGi9Ijw

オガトレは悲鳴をあげていた体の救世主。心も癒してくれる！

「寺田家へようこそ！」寺田家TVユースケです！

寺田家もオガトレファンです！　生まれつきの脳性麻痺で首から下に麻痺があり、車椅子で生活しています。特に足が硬いので、オススメは股関節ストレッチシリーズ！

10代は障害におびえ、20代は障害に負けるかと駆け抜け、30代に差し掛かり体が悲鳴をあげていました。オガトレはまさに救世主でした。家族を守るために頑張れる体をキープしたい。毎日画面を通してサポートしてくれ、体が軽くなるのはもちろん、心も癒してくれています。

いつもありがとうございます！

続ければ、必ず結果が出ます！

まずやってみよう!

自分に合ったストレッチをおこなうための

4つの硬さCHECK

「長座」「開脚」「ひじ合わせ」「しゃがみ」……。
４つの姿勢での硬さ CHECK で、あなたの今の体の状態を知ることができます。
すると、自分が思っていたよりも体が硬かった、あるいは柔らかかったことに驚く人も少なくありません。また、４つのチェックすべてが「超・超・超硬い」レベルというわけではなく、たとえば開脚は「超・超・超硬い」レベルだったけれど、足関節は「超硬い」レベルだった、という場合もあります。まずは、自分の硬さレベルを正確に理解することが必要です。
本書のストレッチを始めたら、この「硬さ CHECK」を２～３週間ごとにおこなってみてください。

CHECK 1

長座で股関節の硬さチェック!

POINT

- ひざはしっかり伸ばしておく
- 勢いや反動をつけないようにする

理想はつま先に手が届くこと

やり方

1. 床に座る。
2. 前に足を伸ばす。
3. 両手をつま先に向かって伸ばす。

1つ目のチェック方法は「長座（ちょうざ）」です。簡単そうに見えて意外とできないこの姿勢、小さい頃に体力テストでやったことがある人も多いのではないでしょうか。このチェックで大まかな下半身の硬さをチェックできます。

長座ができるとこんなメリット

- 慢性的な腰痛を解消
- ぎっくり腰の予防
- 肉離れの予防

判定

手が足首に届く

硬い

ストレッチ01（P.46）
ストレッチ02（P.48） へ

強めのストレッチで
仕上げる

なんとか座れる

超超
硬い

ストレッチ03（P.50）
ストレッチ04（P.52） へ

ストレッチの強度up！

手を離すと座れない

超超超
硬い

ストレッチ05（P.54）
ストレッチ06（P.56） へ

重力を利用する

長座ができないのは
めちゃくちゃ硬い証拠！

CHECK 2

開脚で股関節の硬さチェック!

POINT

- ひざはしっかり伸ばしておく
- 後ろに倒れない範囲で開脚する

ヨガマットの長辺の真ん中にお尻を乗せて座り、足を開いた時に向かい側の両角方向に足が向いていれば、だいたい120度と考えてください

理想は開脚120度以上

やり方

1 床に座る。

2 長座になり、そこからすこしずつ開脚していく。

2つ目は長座より難易度がアップした「開脚」です。

男性は女性より開脚しにくいという特徴があります。それは股関節の形に性別の差があるからです。女性のほうが骨盤側の受け皿が浅くなっていて遊びができるため、可動域は広くなる傾向があります。また骨盤の形状も男性は逆三角形ですが、女性は横に広く丸みを帯びているため開脚しやすくなっています。

性別による差を理解したうえで、開脚できる範囲を広げていきましょう。

開脚ができるとこんなメリット

- 腰痛やひざ痛の予防
- 下半身のむくみ予防
- 便秘予防

判定

90～120 度未満

片方の足を基準にして、もう片方の足を見た時に真横になければ 90 度未満と考えてください

硬い

ストレッチ07（P.58）
ストレッチ08（P.60）
ストレッチ09（P.62）
ストレッチ10（P.64） へ

60～90 度未満

テディベアのような座り方が 60 度の基準と考えてください

硬い

ストレッチ11（P.66）
ストレッチ12（P.68）
ストレッチ13（P.70）
ストレッチ14（P.72） へ

0～60 度未満

まったく開かない～！　という人は 60 度未満です

硬い

ストレッチ15（P.74）
ストレッチ16（P.76）
ストレッチ17（P.78）
ストレッチ18（P.80） へ

開脚しようとすると後ろに倒れてしまう場合……
これは股関節が硬いことが原因ですが、主犯はもも裏のハムストリングス。ハムストリングスが硬いと長座ができない人が多いので、先に長座のチェックをクリアしてから挑戦しましょう。

CHECK 3

ひじ合わせで肩甲骨の硬さチェック!

POINT

- 腰を反らないようにする
- 顔は下を向かず、正面を向く

理想はひじが鼻より上がること

やり方

1. **正座 or イスで背筋をピンとする。**（立っても OK）
2. **両ひじを顔の前でくっつける。**
3. **そのまま上に上げる。**

肩甲骨まわりが硬いと姿勢も悪くなりがち。猫背や巻き肩などはその代表で、これらが原因で肩コリや腰痛になることも多いです。日頃からデスクワークや家事などをする方は特に硬くなりやすいです。

このひじ合わせ、実は結構キツめのチェックです。まずひじをつけなければいけませんが、これは背中が硬いと難しいです。

ひじ合わせができるとこんなメリット

- 猫背を解消
- 肩コリの予防
- 肩が上がりやすくなる

判定

ひじがアゴより上がる

硬い

ストレッチ19（P.84）
ストレッチ20（P.86）
ストレッチ21（P.88）へ

肩の細かい硬さを取る

ひじはつくが、アゴまで上がらない

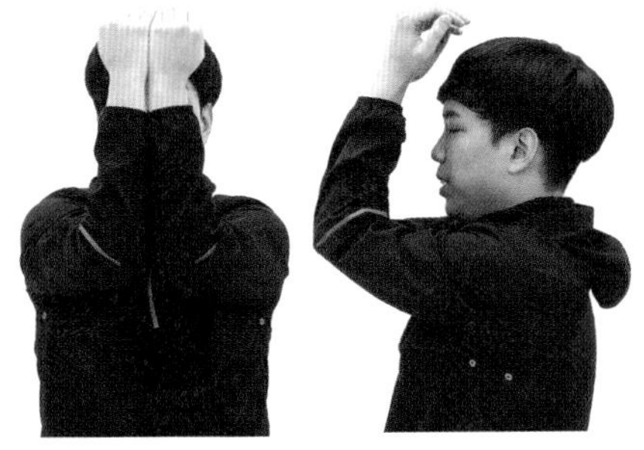

超超

硬い

ストレッチ22（P.90）
ストレッチ23（P.92）
ストレッチ24（P.94）へ

首まわりをスッキリ！

ひじがつかない

超超超

硬い

ストレッチ25（P.96）
ストレッチ26（P.98）
ストレッチ27（P.100）へ

背中を柔らかく

肩コリ予防には
肩甲骨が動くことが大事。
ひじがつかない原因は
背中にあります！

CHECK

4 しゃがみで 足関節の硬さチェック！

POINT

- 内股にならないようにする
- つま先を外側に向けすぎないようにする

理想は腰に手を当て、かかとをつけて座れること

やり方

1. 足を肩幅に開き、つま先をすこし外側に向ける。（指1本分くらい）
2. 腰に手を当てて、そのまましゃがむ。

足首まわりにある筋肉は、股関節や肩関節まわりと比べて小さいです。さらに関節の形が複雑であるため、ストレッチで伸ばしにくい筋肉が多いです。そのためストレッチだけでなく、筋肉を直接触ってほぐしたり、より筋肉の場所や形をイメージしながら伸ばすことが重要になります。

しゃがみができるとこんなメリット

- ふくらはぎがつりにくくなる
- 下半身のむくみ予防
- 捻挫を予防

判定

頭に手を当てれば、かかとをつけてしゃがめる

硬い

ストレッチ28（P.104）
ストレッチ29（P.106）
ストレッチ30（P.108）　へ

伸ばしにくいところを伸ばす

前にならえをしてなら、かかとをつけてしゃがめる

硬い

ストレッチ31（P.110）
ストレッチ32（P.112）
ストレッチ33（P.114）　へ

細かい部分を手でほぐす

かかとをつけると、しゃがめない

超超超

硬い

ストレッチ34（P.116）
ストレッチ35（P.118）
ストレッチ36（P.120）　へ

大きな筋肉をしっかり伸ばす

筋肉が小さく、
関節の形も複雑な足首まわりは
よりていねいで的確な
アプローチが大切！

オガトレの
超・超・超かたい体が柔らかくなる
30秒ストレッチ

目次

PART 1

硬い体がみるみる柔らかくなる仕組み

PART 2

部位別ストレッチ

《股関節》を柔らかく！

超 硬い

超超 硬い

超超超 硬い

超 硬い

超超 硬い

超超超 硬い

PART 3

部位別ストレッチ

《肩甲骨》を柔らかく！

PART 4

部位別ストレッチ
《足関節》を柔らかく！

PART 5

こんなポーズも夢じゃない!?
《究極の目標》

超超超 硬い体でもしっかり伸びる！

超 硬い

長座で手が足首に届く人は…

もも裏の硬さを取る

#ストレッチ01 ▼ ハムストリングスストレッチ（よつんばい）

私はこれをすると肩がラクになる。なぜ⁉

ひざ裏がじんじんしてきた……終わった後、足先まで温かくなっていい感じ

これだけでもけっこうキツイ！

長座ができない一番の原因は、「もも裏の硬さ」です。硬さのチェックで頑張ってつま先に手を伸ばした時、太ももの裏がツッパる感じがあったと思います。ヤツが犯人です。

太ももの裏にはハムストリングスという筋肉がありますが、これは細長い筋肉でお尻の骨である坐骨からすねの脛骨まで付着しています。ひざの裏ではふくらはぎの筋肉である下腿三頭筋とつながっています。これを筋連結と言います。

筋連結している筋肉同士は、同時に伸ばすことでストレッチの効果が高まります。逆を言えば硬さが伝染しやすいので、ふくらはぎの硬さがもも裏の硬さに影響するわけです。

ハムストリングス　下腿三頭筋

動画でチェック

46

体の硬さレベル別にストレッチを掲載

「超硬い」「超・超硬い」「超・超・超硬い」の3つのレベルで、自分に合うストレッチができる！

よくわかるストレッチ解説

どうしてこの筋肉を伸ばす必要があるのかをわかりやすく解説‼

部位別にストレッチを掲載

詳細な部位別に分類されているので、気になる箇所にすぐ飛べる！

動画が見られるQRコード付き

各ストレッチの正しい動きを動画でいつでも確認できる！

（QRコードは㈱デンソーウェーブの登録商標です）

図解で伸ばす筋肉がわかる

伸ばす筋肉がイラストでわかるので、イメージをつかみやすい！

この本を活用すれば、

体験者の声

実際にオガトレのストレッチを体験した人たちのリアルな声がわかる！

POINTで補足

ストレッチの理解が深まる時に大事なところをわかりやすく解説！

「難しい時」はレベルダウン 「簡単にできる時」はレベルアップ

より自分の硬さレベルに合ったストレッチができる！

確実に

効果を実感できるストレッチが誰でも簡単にマスターできる!!

効果的にストレッチをおこなうために

1 ストレッチ前の準備体操

適切な順番で本書のストレッチをおこなえば、急に負荷がかかることは少ないので準備体操は必要ありません。ストレッチの基本ルールとして、“痛(いた)気持ちいい”程度に伸ばすことを意識してみましょう。

2 ストレッチをするうえでの心構え

目標を持って継続することが大事です。ストレッチは一瞬で体を変える魔法のようなものではありません。個人差はありますが、適切におこなっていれば２～３週間で目に見える変化を感じられるでしょう。

3 “痛気持ちいい”の定義

強度は痛気持ちいい程度がベスト。死ぬほど痛いを10、全然痛くないを０としたら、6あたりが目安です。伸ばそうとしている筋肉が伸びている感じ、いわゆる“伸び感”を感じられるようにすると効果的です。

4 ストレッチをおこなう時間帯

理想はお風呂上がり。筋肉が一番ほぐれやすく、ストレッチ効果が高いからです。最も避けるべき時間帯は目覚めた直後です。起きたては筋肉がこわばっているので、水分を充分にとり、かつ慎重にストレッチする必要があります。

5 ストレッチをおこなう頻度

ストレッチは毎日おこなうことが重要です。1日さぼると2日かけて取り戻す必要があるというイメージを持ちましょう。特にストレッチを始めたての時期はすぐに戻ってしまいます。

PART 1

硬い体がみるみる柔らかくなる仕組み

体はいつから硬くなる？

体が硬いというのは、関節が動きにくくなっているということです。人の体には関節が数百個あり、この関節を動かすことで私たちは活動することができるのです。

その関節を動かすのは筋肉です。筋肉が凝(こ)っていたり動かさなかったりすることで機能不全に陥り、関節が動かしにくくなることで体が硬くなっていきます。つまり、体の硬さは「筋肉」がしっかり動かないことが原因です。

小さい頃は柔らかかったのに、いつの間にか硬くなり、簡単にできていた姿勢がまったくできなくなっていたという人も多いと思います。

それはいつからなのかというと、個人差はありますが、運動をやめた瞬間から体は変わってきたと思っていいでしょう。意識していれば、3カ月もすれば明確に体の変化がわかるはずです。

ガチガチに体を凝り固める悪習慣の筆頭がデスクワークと運動不足です。デスクワークを避けることは難しいと思いますので、とにかく動くことが大事です。動かさなければその分だけ、またさらに硬くなっていきます。

「もともと体が硬い体質だから……」とあきらめ半分に言う人も多いのですが、僕の見解では体の「硬い／柔らかい」というのは、その人の運動習慣と運動量の違いです。

普段からよく動いている人は硬くなりにくいですし、もともと硬い人でも、ストレッチが習慣になっていれば、体に不具合をきたすほど硬くなることはありません。

硬く凝り固まった体でも
ストレッチを効果的におこなうことで、
誰でも柔らかくすることが可能！

だから、あきらめないで!!

どれだけ続けると柔らかくなる？

今現在、超・超・超硬い人でも、ストレッチをすれば体は柔らかくなります。ただし、効果を実感するためには継続が重要になってきます。ストレッチをした直後は一時的に柔らかくなりますが、すぐ戻ってしまうからです。

ストレッチを始めてだいたい2〜3週間程度で変化を感じられるようになり、4〜6週間程度で定着してくることが多いので、途中でやめないことが大切です。硬い人は特に、体の柔らかさが定着しない段階（2〜3週目くらい）でやめてしまうと、すぐにもとの硬さに戻ります。継続日数がさらに少ないと、体が戻る速さも加速します。

ストレッチは一瞬で体を変える魔法ではありません。柔らかい体をキープするためには、とにかく毎日継続すること、これが非常に大事です。

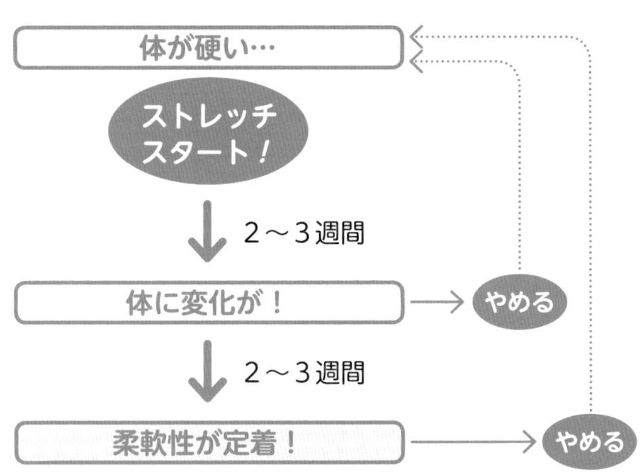

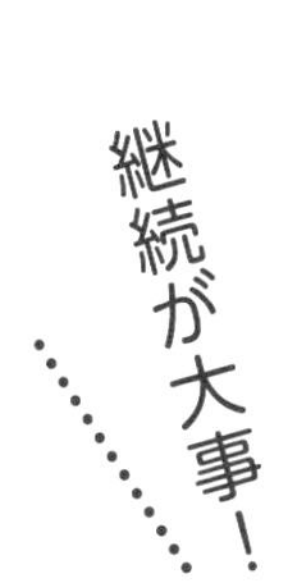

体が硬いと起こるよくないこと

体が硬いことで起こるデメリットはたくさんあります。

特に、次の3つが問題になってくるでしょう。

1 姿勢が悪くなる

人間の体には、不良姿勢というものが生じます。これは筋肉の柔軟性が落ちていたり、筋力が少なかったりすることで起こります。猫背や反り腰などが代表的なものですが、この状態が続くと痛みが出たり、不調が出たりと、体によくないことだらけです。

特に運動をしている人の場合は、不良姿勢によってケガをしやすくなったり、パフォーマンスが落ちてしまうこともあります。姿勢が悪いと日常生活でも疲れやすく、仕事の効率が上がらない、なんてことが起こりえます。

2 体の痛みが増える

硬さによるトラブルで最も多いのは「痛み」ではないでしょうか。代表的なものに腰痛と肩コリがあります。

腰痛の80％は、筋筋膜性腰痛（きんきんまくせいようつう）といって、筋肉がしっかり動かないことによるものです。肩コリも不良姿勢が原因なので、日常で私たちが感じる痛みの多くは体の硬さが影響していることがよくわかります。

3 太りやすくなる

体が硬いと日常生活で動かせる範囲（可動域）が狭くなります。そのため体を動かすことで消費されるエネルギーが少なくなり、結果的に太りやすくなります。

ストレッチをしないからすぐに太るというわけでは

なく、体が硬い状態のままでいるとエネルギー消費が減り、徐々に痩せにくい体質になってしまうのです。
ストレッチを習慣化することで、日常的に体を動かすきっかけができ、エネルギーを消費しやすい体づくりができます。筋トレをする際も理想のフォームをとりやすくなりますし、硬いことによって起こる痛みがなければ、気持ちよく体を動かすことができます。
ほかにも体が硬いと、手足が冷える、足がつりやすくなる、思考がネガティブになる、自律神経系の症状が出やすくなるなど、さまざまな不調が現れやすくなります。

体が柔らかくなれば、いいことがたくさん！

- ◎ 姿勢がよくなる
- ◎ 疲れにくくなる
- ◎ 代謝が上がり、痩せやすくなる
- ◎ 冷え性が緩和される
- ◎ 肩コリ・腰痛がなくなる
- ◎ 仕事のパフォーマンスが上がる
- ◎ ケガをしにくくなる
- ◎ 気持ちよく体を動かせる

体を柔らかくする秘訣とは？

それでは、どうすれば体は柔らかくなるのでしょう？

筋肉の機能不全を改善するためには、単純に硬いところをストレッチするだけでは足りません。体は思っているより複雑にできています。例えば、腰が痛いからといってダイレクトに腰のストレッチをしてもなかなか効果を実感できなかったり、頭がズシンと重い時に、頭ではなく肩まわりのストレッチをすると劇的によくなったりします。

複雑な体の仕組みに沿ってたくさんの筋肉をていねいにほどくように、すこしずつ硬さを取っていきましょう。それが体を効率的に柔らかくする秘訣です。いうなれば、ストレッチとは体の硬さをほどいていく作業なのです。

ここで、ストレッチで柔軟性が上がる仕組みについて、簡単に説明していきましょう。

ストレッチをすると筋肉が伸び、関節をより大きく動かすことができるようになります。

この時の筋肉のイメージは、縮んで硬くなった輪ゴムです。いきなり伸ばすと千切れて（体を痛めて）しまいますから、硬い人ほど慎重に伸ばしていく必要があります。また、過度な反動は、筋肉が刺激に反応して逆に硬くなってしまうので、つけないほうがいいでしょう。

体を柔らかくするためにストレッチ以外に日常で気をつけることは、33ページでも説明していますが、日頃からとにかくよく動くことです。体は動いていないと硬くなってきます。逆を言うと動けば動くほど柔らかくなっていくということです。

よく、「生まれつき硬いんです……」という方がいますが、それは間違いです。生まれたばかりの赤ちゃんは人生で一番体が柔らかい状態です。寝返りを打とうとしたり、何かにつかまって立とうとしたり、自分の身長より高い台に登ろうとしたりすることで、全身を大きく動かし、使っています。

ところが、だんだん成長するにつれて大きく動くということは減ってきます。脳が発達し考えることで、もっとラクな手段を身につけるからです。そうやって動くことが減っていくと、だんだんと体は硬くなってきます。

体を柔らかく保つには、一生動き続けることが大事です。運動量の確保と運動習慣をつけること以外、体を柔らかくする方法はないと言えるでしょう。

股関節、肩甲骨、足関節の３つが大事！

股関節と肩甲骨、足関節は、体の中でも非常によく動く関節です。そのため多くの筋肉が付着しており、複雑な構造をしています。筋肉が多くついているがゆえ、柔軟性低下による影響を受けやすく、1つの筋肉の硬さがさまざまな動きに制限を及ぼします。

自由度の高い（動きの種類が多い）これらの関節が動きにくくなることで、いろんな不調や痛みが起こってきてしまいます。なので、この3つの関節は常に柔らかく保っておくことが重要です。

動きの種類が多いということは、動かすための筋肉が関節まわりにたくさんついているということです。筋肉が多いほど硬くなる可能性は高まりますし、小さい筋肉がビッシリと集まっているので、1つの筋肉が硬くなった時に、まわりの筋肉が影響を受け、一緒に硬くなることもあります。

よく動く関節ほど硬くなりやすいのはこれらの理由

肩甲骨

足関節

股関節

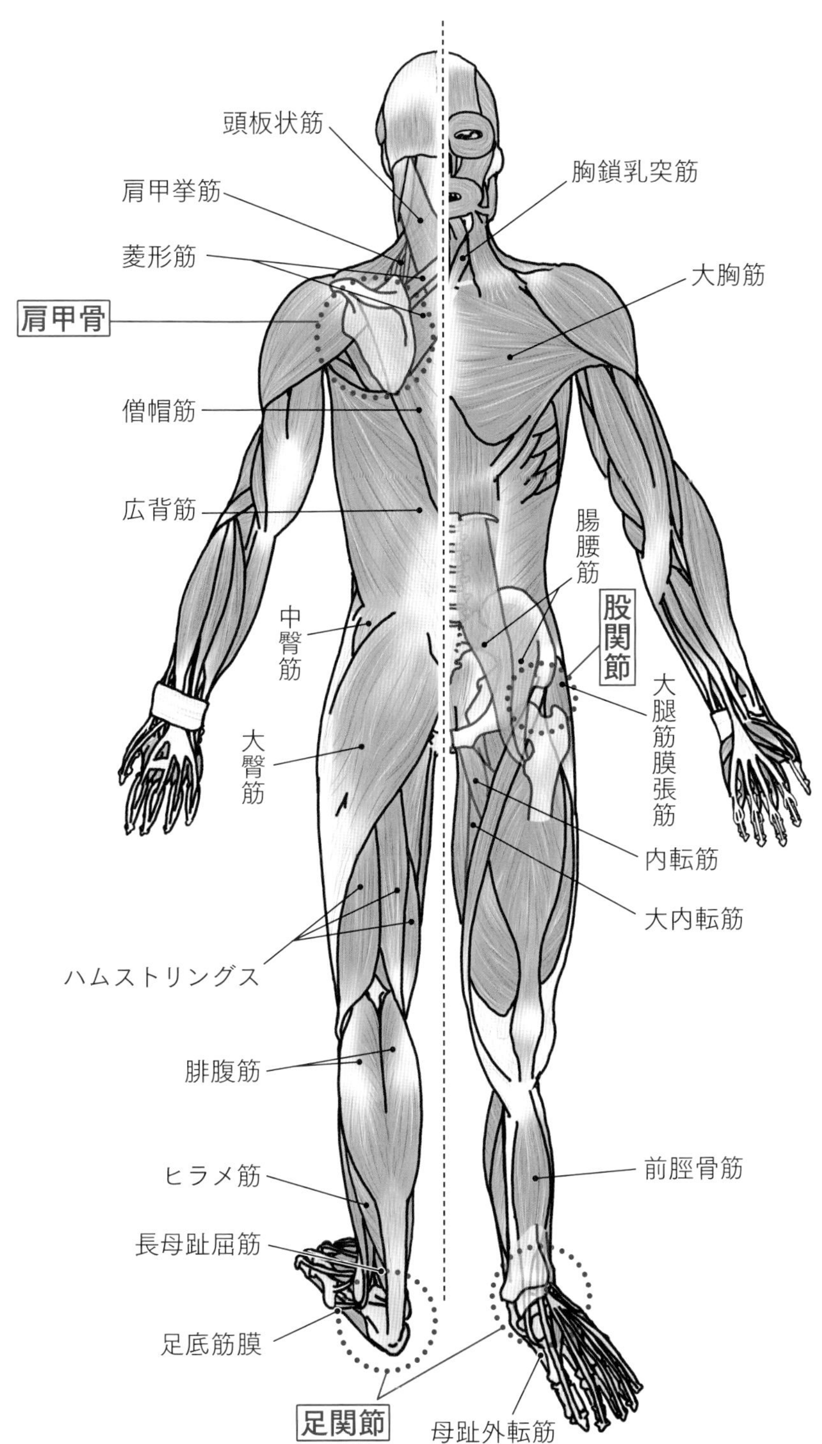
頭板状筋
胸鎖乳突筋
肩甲挙筋
菱形筋
大胸筋
肩甲骨
僧帽筋
広背筋
腸腰筋
股関節
中臀筋
大腿筋膜張筋
大臀筋
内転筋
大内転筋
ハムストリングス
腓腹筋
前脛骨筋
ヒラメ筋
長母趾屈筋
足底筋膜
足関節
母趾外転筋

からです。

股関節は丸い形をしており、前後左右に開く動きをするほか、回旋というねじりの動きもあります。この回旋の動きをもたらす筋肉は小さく、かつたくさんあるので硬くなりやすいのです。

肩甲骨は正式には肩甲胸郭関節という、肩甲骨と肋骨によって構成される関節の一部です。肩甲骨は肋骨の上で浮いているため、たくさんの筋肉がついていることによって支えられています。

足首は、関節が1つではありません。いくつかの関節からなる足首は、これまたたくさんの筋肉がついています。

体が硬い人は全員、3つの関節がすべて硬くなっていると言いきれるものではありませんが、自分で「体が硬いなあ……」と感じるのであれば、このうちのどこかが硬くなっている可能性が高いと言えるでしょう。

特に硬くなりやすいこの3つの関節を重点的にほぐすことができれば、どんな人でも硬さから起こるトラブルを最低限に抑えることができます。1つひとつていねいにほぐしていくと、必然的に体は柔らかくなります。

「30秒ストレッチ」をすすめるワケ

本書では、「30秒ストレッチ」を基本ルールとしていますが、これにも理由があります。

一般的にはストレッチするのに適切な時間は15〜20秒と言われています。しかしこれは、〃筋肉を適切な負荷で最大限に伸ばした状態で〃という条件付きのお話です。

実際のストレッチでは、カウントしてから数秒はポジションを微調整して、伸び感が痛気持ちいいところを探すための時間が必要だと考えます。

しっかり伸ばせるようになるまでに数秒かかることを踏まえて、オガトレでは1セット30秒を推奨しています。

しっかり伸ばすには30秒がおすすめ！

超・超・超硬い人ほど ストレッチの順番が大事

筋肉によってストレッチのしやすさが違います。

大きい筋肉はストレッチしやすく、小さい筋肉はストレッチしにくい傾向があります。さらに小さい筋肉ほど深いところにあるので、さらに伸ばしにくいのです。

体が硬い人はストレッチしやすい大きい筋肉も硬くなっているので、その状態では奥にある小さい筋肉はより伸ばしにくくなってしまいます。小さい筋肉からストレッチしてしまうとうまく伸ばせず、効果も得られません。

ストレッチの効果を最大化するためには、順番が重要です。

大きくて表面にある筋肉から小さくて深いところにある筋肉へと順にストレッチしていきましょう。この順番を押さえるだけで効果的に柔軟性を養うことができます。

本書では４つの姿勢で硬さチェックをおこない、それぞれの柔軟性に合わせてストレッチをしていきます。硬さレベルごとのストレッチの順番に従っておこなうだけで、この大きい筋肉から小さい筋肉へという順序を、初心者でも正しく押さえることができます。

ストレッチ動画は、各ストレッチのページにある QR コードから、
または以下の URL からアクセスしてください。
https://diamond.jp/go/pb/ogatore/

PART 2

部位別ストレッチ

《股関節》を柔らかく!

柔らか理想は、長座でつま先に手が届く! 開脚120度以上!

ストレッチの効果を最大化するためには、順番が大事。
大きい筋肉→小さい筋肉の順におこなってください。

 「超 硬い」人は  ストレッチ01→02の順に

 「超・超 硬い」人は ストレッチ03→04の順に

 「超・超・超 硬い」人は ストレッチ05→06の順に

 「超 硬い」人は ストレッチ07→08→09→10の順に

 「超・超 硬い」人は ストレッチ11→12→13→14の順に

 「超・超・超 硬い」人は ストレッチ15→16→17→18の順に

超 硬い

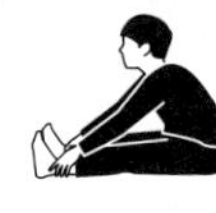

長座で手が足首に届く人は…

もも裏の硬さを取る

#ストレッチ01 ▼ハムストリングスストレッチ（よつんばい）

私はこれをすると肩がラクになる。なぜ!?

ひざ裏がじんじんしてきた……終わった後、足先まで温かくなっていい感じ

これだけでもけっこうキツイ！

長座ができない一番の原因は、「もも裏の硬さ」です。硬さのチェックで頑張ってつま先に手を伸ばした時、太ももの裏がツッパる感じがあったと思います。ヤツが犯人です。

太ももの裏にはハムストリングスという筋肉がありますが、これは細長い筋肉でお尻の骨である坐骨（ざこつ）からすねの脛骨（けいこつ）まで付着しています。ひざの裏ではふくらはぎの筋肉である下腿三頭筋（かたいさんとうきん）とつながっています。これを筋連結（きんれんけつ）と言います。

筋連結している筋肉同士は、同時に伸ばすことでストレッチの効果が高まります。逆を言えば硬さが伝染しやすいので、ふくらはぎの硬さがもも裏の硬さに影響するわけです。

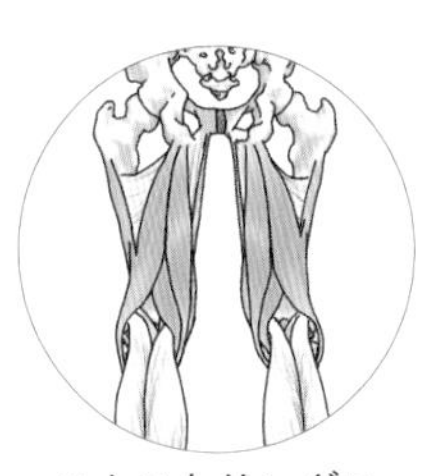
ハムストリングス

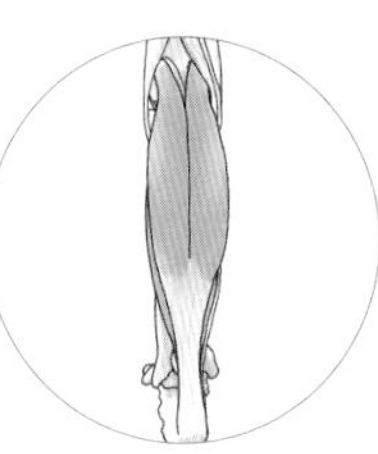
下腿三頭筋

1 よつんばいになります。

POINT

横から見た時に三角形になるように

2 両ひざを浮かせ、かかとを床につけるように近づけながら胸を張り、横から見て三角形になるようにします。

3 痛気持ちいいと感じるところで30秒キープ。

30秒×3セット

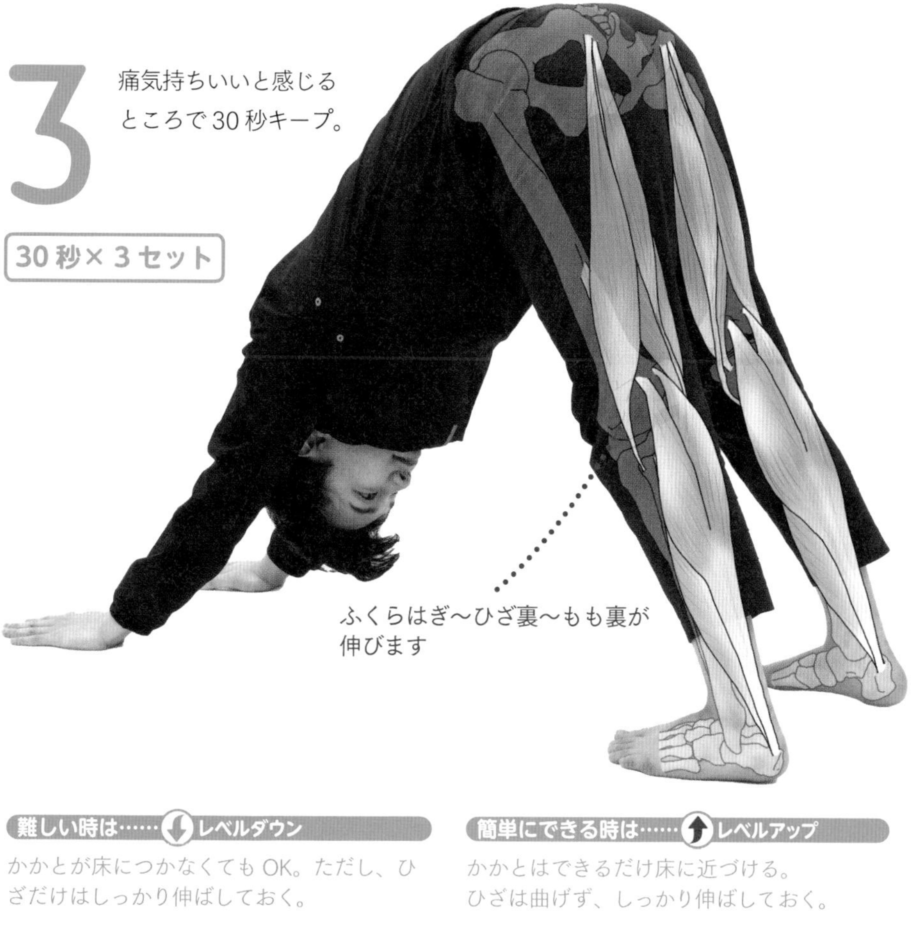

ふくらはぎ〜ひざ裏〜もも裏が伸びます

難しい時は……⬇レベルダウン

かかとが床につかなくてもOK。ただし、ひざだけはしっかり伸ばしておく。

簡単にできる時は……⬆レベルアップ

かかとはできるだけ床に近づける。ひざは曲げず、しっかり伸ばしておく。

長座で手が足首に届く人は…

バランスをとって、もも裏を伸ばす

#ストレッチ02 ▼ハムストリングスストレッチ（片足立ち）

ストレッチ01でひざ裏を気持ちよくほぐした後、さらにもも裏を伸ばしていきたいので、今度はイスや壁を使って片足立ちのポーズをとってみましょう。ちょっとキツいポーズになりますが、もも裏がしっかり伸びていきます。

このストレッチは片足立ちになるためバランスがとりにくいですが、余裕があれば両手を離して飛行機のようなポーズでもやってみましょう。

ふらつく重心をコントロールすることでストレッチの強度も上がります。横からの姿勢をチェックして、上半身と上げた足がまっすぐになるようにしてくださいね。

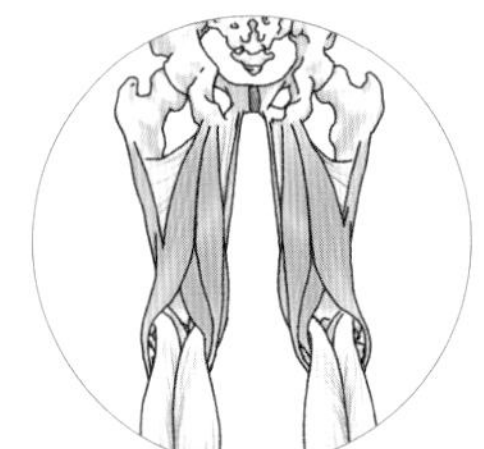

ハムストリングス

終わった後、腰も伸びてイスに座るのがラクになる

立ったままできるから、仕事の合間とかリフレッシュしたい時に重宝しそう

このストレッチは気持ちよくてやりやすい!!

1 イスか壁に手をつき、両ひざを軽く曲げて前かがみになります。反対の手はひざにおきます。

2 片方の足をできるだけ後ろに上げましょう。横から見て上半身と上げている足がまっすぐになるようにします。痛気持ちいいところでストップ！　30秒キープしましょう。
軸足を替えて、同じようにもう片方の足も上げます。

30秒×3セット

軸足のひざ裏からもも裏までが伸びます

難しい時は……レベルダウン

足は上がる範囲でOK。
イスや壁でしっかり支えましょう。

簡単にできる時は……レベルアップ

足はしっかりまっすぐになるまで上げる。
イスや壁から手を離してバランスをとってみましょう。

超超硬い

長座でなんとか座れる人は…

姿勢の悪さで硬くなったもも裏を伸ばす

#ストレッチ03▼ハムストリングスストレッチ（あおむけ／遠位）

もも裏がプルプルしてくる！効いている証拠!?

これは本当に気持ちいい

もも裏だけでなく、背骨がしゃきっとする！

ギリギリ長座ができる「超・超硬い」さんには、ハムストリングスを細かく分けて伸ばすことが必要です。

ハムストリングスは場所によって、近位（きんい）と遠位（えんい）に分けられます。もも裏のお尻寄りを近位、ひざ裏寄りを遠位と呼びます。それぞれ硬さが異なりますし、その原因も違います。

このストレッチでは遠位を伸ばすことができます。遠位は、猫背で腰も丸まっているような姿勢の方や、ガニ股の方で硬くなっていることが多いです。

ハムストリングス（遠位）

1

あおむけの状態から左足を上げ、太ももを両手で抱きかかえます。胸と太ももはできるだけ近づけます。この時、反対の足は浮かないようにひざをピッと伸ばしておきます。

2

そのまま、左ひざを伸ばしていきましょう。痛気持ちいいところでストップ！30秒キープしましょう。
反対側も同様に。

30秒×3セット

POINT

足を上げている時、反対の足は浮かないようにひざを伸ばす

難しい時は……レベルダウン

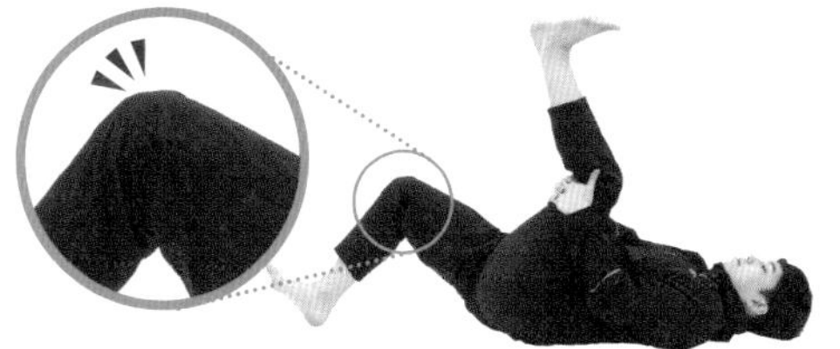

反対の足のひざが曲がってもOK。

簡単にできる時は……レベルアップ

つま先は胸のほうへ向けましょう。

超超硬い

長座でなんとか座れる人は…

座り姿勢で硬くなったもも裏を伸ばす

#ストレッチ04 ▼ハムストリングスストレッチ（あおむけ／近位）

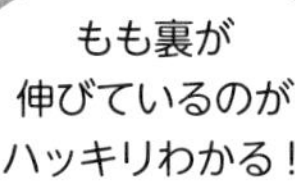

ハムストリングスの近位も続いて伸ばしていきましょう。近位とは、ストレッチ03でも説明しましたが、もも裏のお尻寄りのあたりを指します。

ハムストリングス近位は、デスクワークやバスや電車の移動などで長時間座っている方が、カチカチに硬くなっていることが多いです。

圧がかかると筋肉は硬くなります。座り方にもよりますが、背もたれに寄りかかって座りがちな方は特に硬くなっていることが多いです。

日頃の姿勢も振り返りつつ、しっかりとストレッチしていきましょう！

ハムストリングス（近位）

1

あおむけから、ひざを伸ばしたままの状態で左足を上げ、もも裏を両手でつかみましょう。この時、頭も上げます。反対の足はひざをピッと伸ばしておきます。

2

そのまま、左足を自分の胸の方によせていきます。痛気持ちいいところでストップ！　30 秒キープしましょう。
反対側も同様に。

30 秒× 3 セット

お尻寄りのもも裏が
伸びます

難しい時は……レベルダウン

反対の足のひざがすこし曲がっても OK。

簡単にできる時は……レベルアップ

つま先は胸のほうへ向けましょう。

超超超硬い

長座で手を離すと座れない人は…

重力を利用して、りきまず伸ばす

#ストレッチ05▼ハムストリングスストレッチ(片ひざ立ち/遠位)

もも裏がピキピキいってます

これをやると前屈がしやすくなる!!

もも裏に効いている感じが一番わかりやすいかも!

重力をうまく使うことで体が硬くても簡単に伸ばすことができます。

このストレッチでは上半身の重さを利用して、ストレッチをりきまずにできるようにしています。もっと伸ばしたいけどポーズがとれない! という時は、重力をうまく使いましょう。

同じくハムストリングス遠位を伸ばすストレッチ03と似ていますが、重力を利用することでラクにできるようになっています。自分の力でひざを伸ばす必要がない分、超・超・超硬いさんにも取り組みやすいストレッチです。

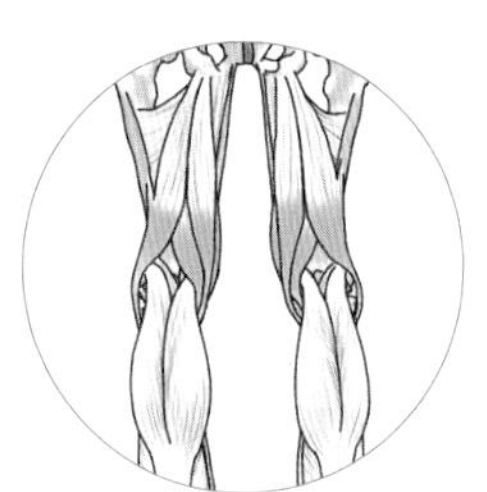
ハムストリングス(遠位)

1 右ひざをついて左足は前に出します。左のかかとだけをついて、ひざは軽く曲げておきましょう。

2 両手を床につけ、左のももと胸をできるだけ近づけます。

3 そのまま、お尻を後ろに引いていきましょう。痛気持ちいいところでストップ！　30 秒キープしましょう。反対の足も同様に。

30 秒× 3 セット

お尻からもも、ひざ裏にかけて伸びます

POINT
お尻を後ろに引いていく

難しい時は……レベルダウン

指先だけでも床につけば、ももと胸はくっつかなくても OK。

簡単にできる時は……レベルアップ

手のひらを床につける。
最初のかかとをつく位置をもっと前にズラす。

超超超 硬い

長座で手を離すと座れない人は…

座り姿勢のできない人のもも裏伸ばし

#ストレッチ06 ▼ハムストリングスストレッチ（片ひざ立ち／近位）

足全体がしゃきっとする気がする！

はじめはキツイと思ったけど、気持ちよくなって今ではやみつきに

ももの裏がツーンとするんだけど、はっきり伸びている感じがする

重力を利用することで、「超・超超硬い」人向けのストレッチ04よりもラクにもも裏を伸ばすことができます。

よくもも裏のストレッチというと長座の姿勢でおこないますが、実際はそもそも長座ができない方が多いです。最近は体育のテストで長座体前屈が0㎝の子供も多いのだとか……。

運動習慣がある方の場合、もも裏の硬さはケガの危険に直結します。細長い筋肉ゆえ「肉離れ」や成長期には「剥離骨折」なども起こりやすいので、しっかりと柔らかくしておく必要があります。

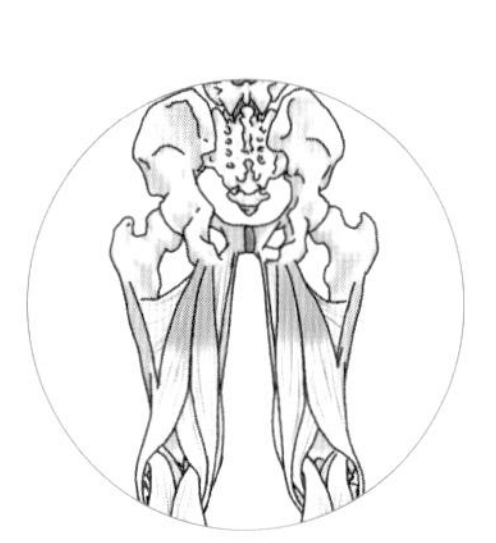
ハムストリングス（近位）

1

右ひざをついて左足は前に出します。左のかかとだけをついて、ひざはピッと伸ばしておきましょう。両手を左ひざの上におき、胸を張ります。

2

そのまま体を前に倒していきます。
痛気持ちいいところでストップ！
30 秒キープしましょう。
反対側も同様に。

30 秒× 3 セット

難しい時は……レベルダウン

ひざに両手が届かない時は股関節の付け根でOK。

簡単にできる時は……レベルアップ

しっかり胸を張る。
最初のかかとをつく位置をもっと前にズラす。

超硬い

開脚が90〜120度未満の人は…

お尻を柔らかくしてツッパリ感を取る

#ストレッチ07▼大臀筋ストレッチ（座り）

お尻の外側って
ここなんだって、
はじめて自分で
認識できた

やればやるほど
気持ちよくなって
くるから不思議！

かなり効きます！
普段ここをどれだけ
伸ばしていないか
わかった

開脚するためにはストレッチの順番がとても重要です。①お尻↓②もも裏↓③内ももの順番でほぐすことにより、効率的に開脚を目指すことができます。

なぜ最初にお尻かというと、筋肉の性質を考えるとお尻から伸ばしたほうが効率がいいからです。実は、硬い筋肉は伸びにくいだけでなく、縮みにくいという性質があります。

開脚する時にお尻の筋肉は縮みます。この時、お尻が硬いままだと、筋肉が縮みにくくなかなか開脚ができません。ムリに開脚した時に感じる、お尻のツッパリ感がその正体です。

大腿筋膜張筋

大臀筋

1 あぐらの姿勢になります。

2 右足を左に持っていき、左足をまたいでください。

3 両手で右ひざをかかえ、胸に寄せていきましょう。痛気持ちいいところでストップ！　30秒キープしましょう。反対の足も同様に。

30秒×3セット

難しい時は……⬇レベルダウン

右足は左足をまたがず、ひざの前まででもOK。

簡単にできる時は……⬆レベルアップ

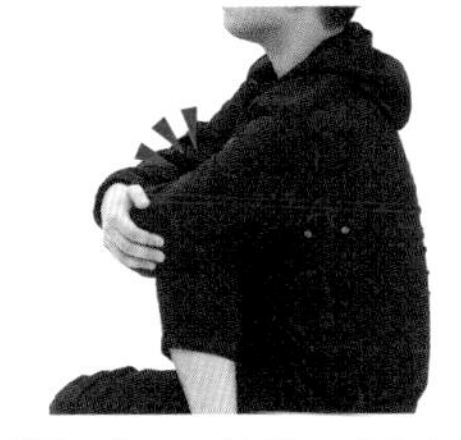

右ひざを胸にくっつけて、さらに胸を張る。

開脚が90～120度未満の人は…

45度開きで、もも裏・内ももも同時に伸ばす

#ストレッチ08 ▼内転筋ストレッチ（片足45度）

シンプルなストレッチだけどかなり伸びます

日に日に手が前にいくようになって、効果を実感中！

これ、かなりキツイやつかも……

お尻の次にほぐしたい、もも裏と内ももをストレッチしていきましょう。足を斜め45度に開くことで同時に伸ばすことができます。

この時、ひざの内側がジンジンと痛くなる場合があります。内転筋は5種類ありますが、そのうち薄筋（はっきん）という筋肉に負担がかかっている可能性が高いです。この薄筋はとても細くて長い筋肉であり、ストレッチの際に痛みが出やすいのです。

痛みが強い場合は、もも裏がまだ硬いことが多いので、ハムストリングスのストレッチを先にやっておきましょう。薄筋とハムストリングスは隣り合わせの筋肉であり、お互いの硬さの影響を受けやすいのです。

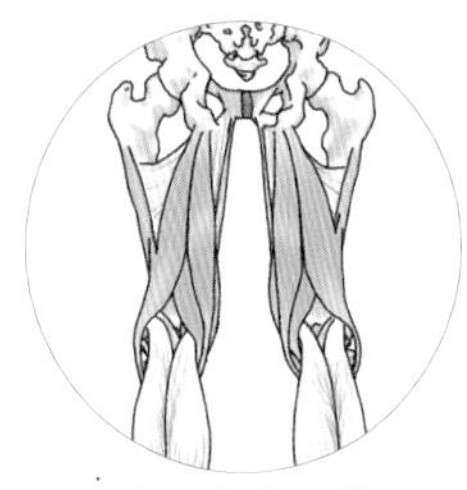
ハムストリングス

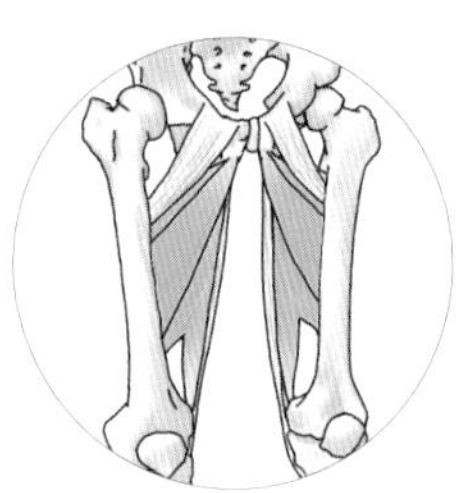
内転筋

1

あぐらになり、右足を斜め45度に開きます。
つま先は天井に向けておきましょう。

2

両手を重ねて床につき、そのまま前に伸ばしていきます。痛気持ちいいところでストップ！
30秒キープしましょう。
もう片方の足も同様に。

30秒×3セット

もも裏〜内ももが伸びます

難しい時は……レベルダウン

ひざは軽く曲がってもOK。ただし両手は頑張って床につけましょう。

簡単にできる時は……レベルアップ

両手をできるだけ前に出していきます。胸は張った状態でおこないましょう。

開脚が90〜120度未満の人は…

内もも付け根の硬さを取る

#ストレッチ09 ▼内転筋ストレッチ（片足90度）

ストレッチ08よりも難易度が上がります。内ももをより重点的に伸ばしていきましょう。

このストレッチのポイントは手です。つま先が前に倒れてくるのを防ぐためにひざを押さえることで、内ももの付け根にある筋肉をしっかりストレッチすることができます。恥骨筋（ちこつきん）や短内転筋（たんないてんきん）などの細かい筋肉までていねいにほぐすことができます。

内ももの付け根には、動脈と静脈があったり、リンパが流れていたりするので、この部分の硬さは下半身の循環に大きな影響を与えます。ここをしっかりとほぐしていくことで、下半身の冷えやむくみなどにも効果的です。

内転筋

動画でチェック

1

あぐらになり、右足を真横に出し、90 度に開きます。
この時、つま先は天井に向けておきましょう。

POINT
つま先を天井に向ける

2

右ひざを右手で押さえ、左手は正面の床について前に出していきます。その時、同時に胸を張ります。痛気持ちいいところでストップ！　30 秒キープしましょう。
反対の足も同様に。

30 秒× 3 セット

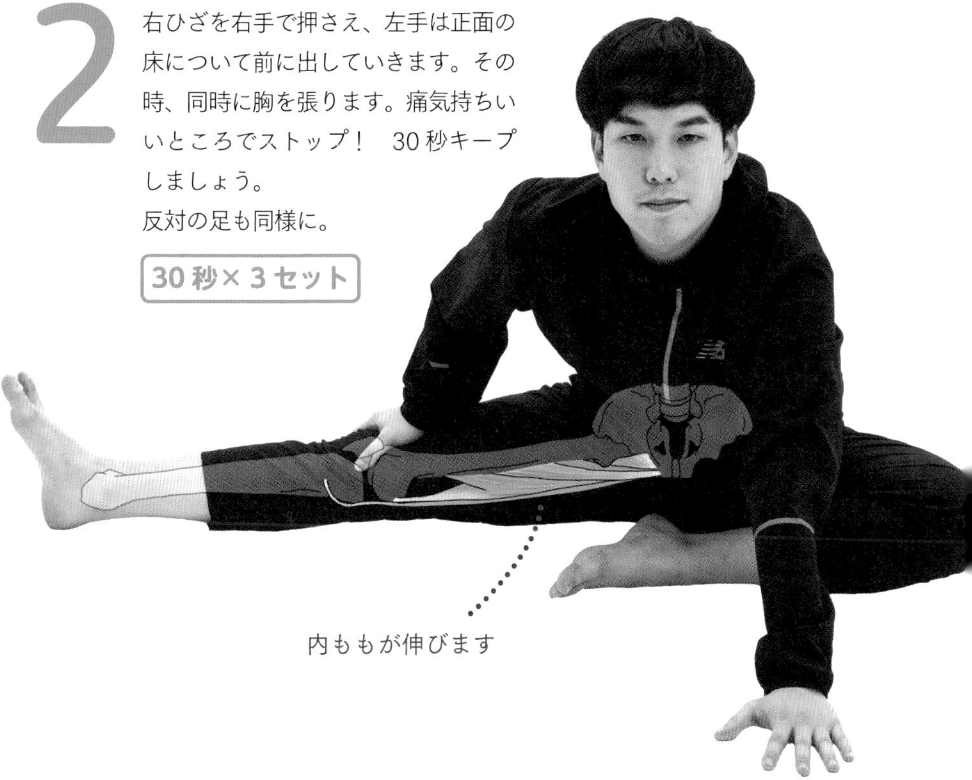

内ももが伸びます

難しい時は……レベルダウン

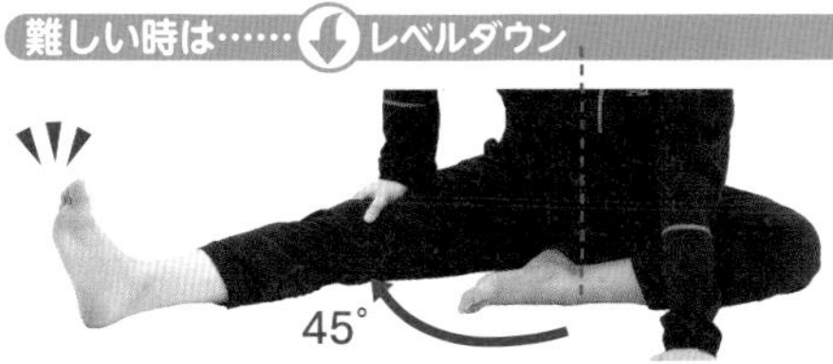

右足は真横まで開かなくても OK。ただし、つま先が天井を向く範囲でできるだけ開きましょう。頑張って 45 度程度開くのが目標です。

簡単にできる時は……レベルアップ

両手をできるだけ前に出していきます。胸は張ったままにしましょう。

開脚が90～120度未満の人は…

股関節の動きをよくする

#ストレッチ10 ▼ 腸腰筋ストレッチ（片ひざ立ち）

すこしきついけど、気持ちいいから何度もやりたくなる

はじめはひざ小僧がぐらぐらしてバランスをとるのが難しかった。でも慣れてくると股関節が伸びているのがわかる！

足の付け根にダイレクトに効く～！

腸腰筋（ちょうようきん）は、股関節の一番奥にあり、股関節の前にべったりついている筋肉です。そのため硬さがあると、股関節の動きを大きく妨げてしまいます。

そう聞くと、はじめからたくさんこのストレッチをしたほうがいいのでは？　と思うかもしれませんが、最深部にある筋肉なのでとても伸ばしにくいのです。そのため、内ももがある程度柔らかくなってきた段階で腸腰筋のストレッチをすることが大切です。

お尻から始まり内ももまである程度伸ばした後にストレッチすることで、やっと腸腰筋をしっかり伸ばすことができます。

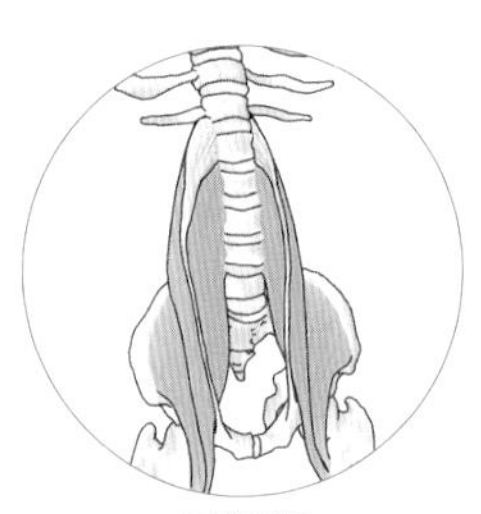

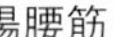

腸腰筋

動画でチェック

1

左ひざをついて、右足は前に踏み出します。
楽なところよりもすこし遠めに出しましょう。

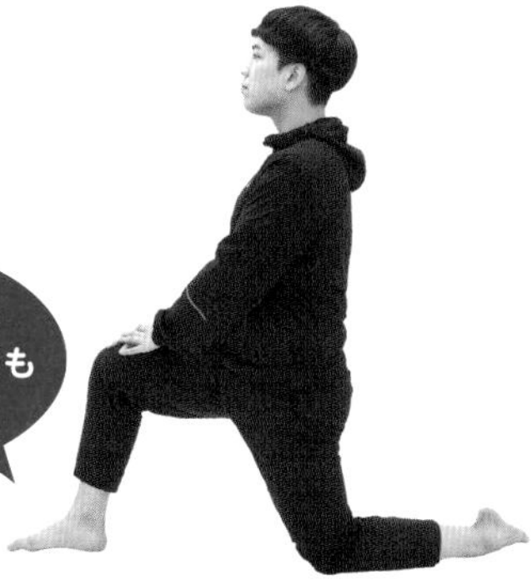

POINT
踏み出す足は、ラクなところよりもすこし遠めに！

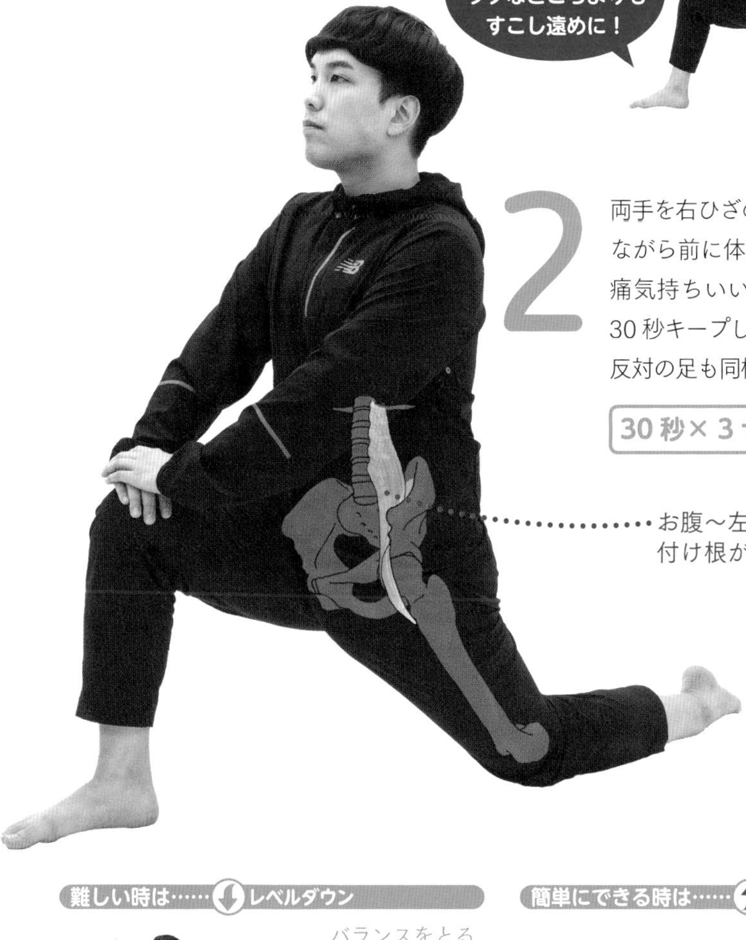

2

両手を右ひざの上に乗せ、胸を張りながら前に体重をかけていきます。
痛気持ちいいところでストップ！
30 秒キープしましょう。
反対の足も同様に。

30 秒× 3 セット

お腹～左ももの付け根が伸びます

難しい時は……レベルダウン

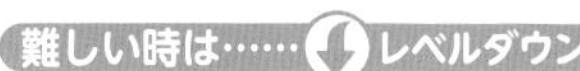

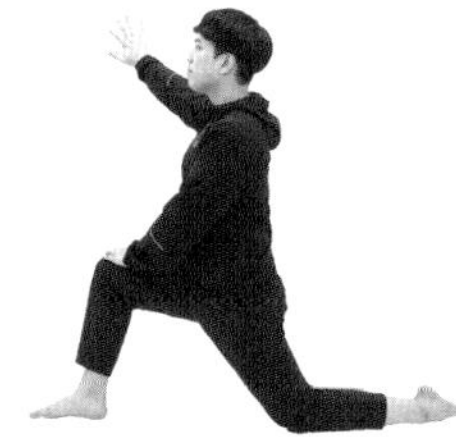

バランスをとるために壁や台に手をついておこないましょう。

簡単にできる時は……レベルアップ

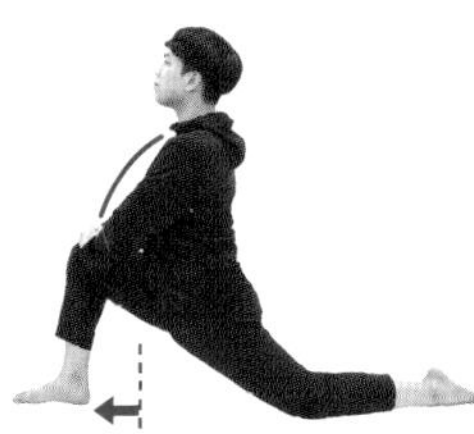

足をさらに前に出し、胸ももっと張ってみましょう。

超超硬い

開脚が60～90度未満の人は…

あぐらをかけない人のお尻伸ばし

#ストレッチ11 ▼ 大臀筋ストレッチ（よつんばい）

なかなかハード！
でも効いてる感じが
すごくわかるから、
ずっとやっていたく
なる

お尻だけじゃなく、
腰のゆがみにも
効いている感じがする

この体勢で30秒は
けっこうキツイ。
でも、なんか
クセになる笑

あぐらをかけない方がお尻を伸ばしたいという時には、このストレッチがおすすめです。体重をうまく利用して筋肉を伸ばすことができます。

このストレッチでは、できるだけ体勢を低くすることがポイントです。⬆レベルアップの方法でふくらはぎを90度にする時は、かかとを反対の手で押さえるとやりやすいですよ。

ひじを床につけるのが大変なら、つけなくてもOKです。ただ、なるべく体勢を低くすることを意識しましょう。

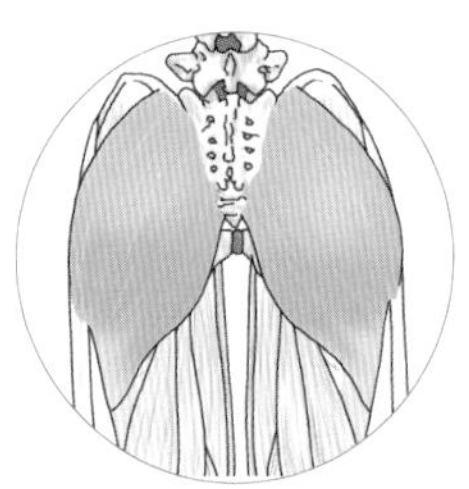

大臀筋

1 よつんばいになってから、右足を前に出しましょう。
ふくらはぎを横に出します。

2 両ひじを床について、体勢を低くしましょう。
痛気持ちいいところでストップ！ 30秒キープしましょう。
反対の足も同様に。

30秒×3セット

右のお尻が伸びます

難しい時は……レベルダウン

ひじがつかなくてもOK。ただしなるべく体勢を下げることを意識しましょう。

簡単にできる時は……レベルアップ

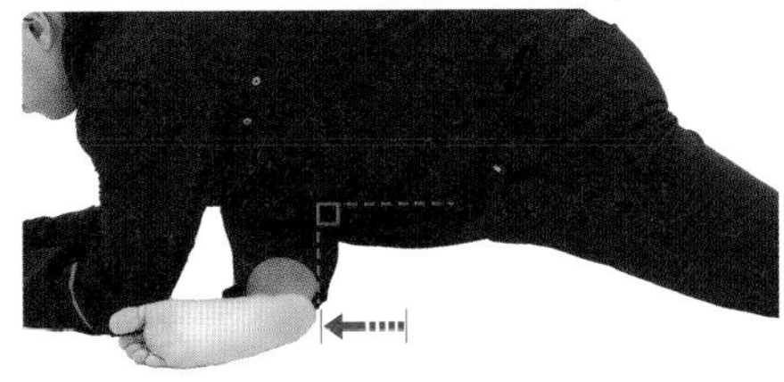

横に出したふくらはぎを90度にしましょう。

超超硬い

開脚が60～90度未満の人は…

背中とお尻を同時に伸ばす

#ストレッチ12 ▼ 大臀筋ストレッチ（あぐら）

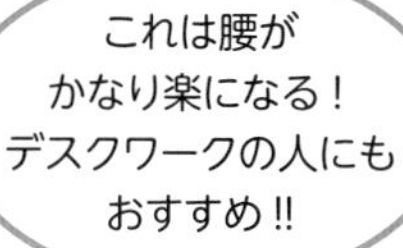

お尻から
もものあたりが
効いている感じが
する

これは腰が
かなり楽になる！
デスクワークの人にも
おすすめ!!

はじめは
ちょっと痛かった……
でもだんだん気持ちよさを
感じるようになってきた

あぐらをかける方はこのストレッチでさらにお尻を伸ばしていきましょう。

ストレッチ12は、ストレッチ11よりもさらにお尻の上のほう、腰に近いところが伸びる感じがあると思います。これはひじを前に出して上半身を丸めていることにより、背中の広背筋（こうはいきん）という筋肉も同時に伸びているためです。

広背筋と大臀筋はつながっているので、同時に伸ばすことによってさらに効率的なストレッチができます。

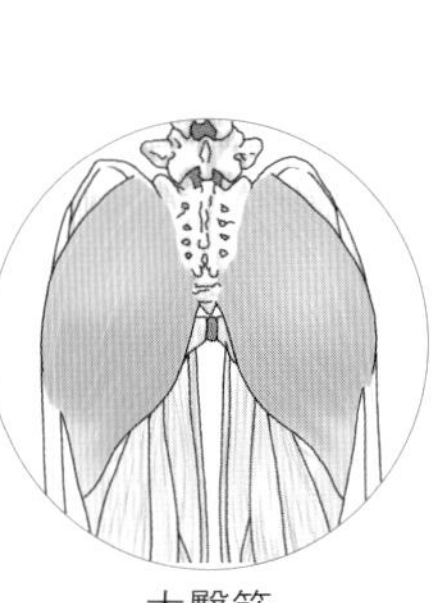

大臀筋

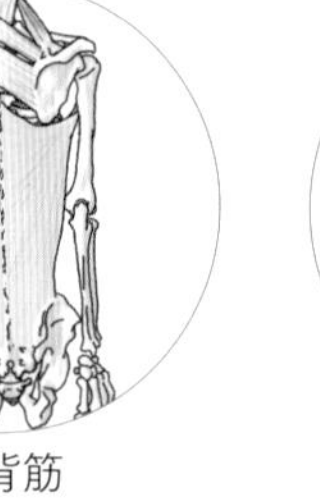

広背筋

1 あぐらになり、右足をズラしてすこし前に出しましょう。

2 上半身を前に倒して、両ひじを前の床につけましょう。痛気持ちいいところでストップ！ 30秒キープしましょう。反対の足も同様に。

30秒×3セット

右のお尻が伸びます

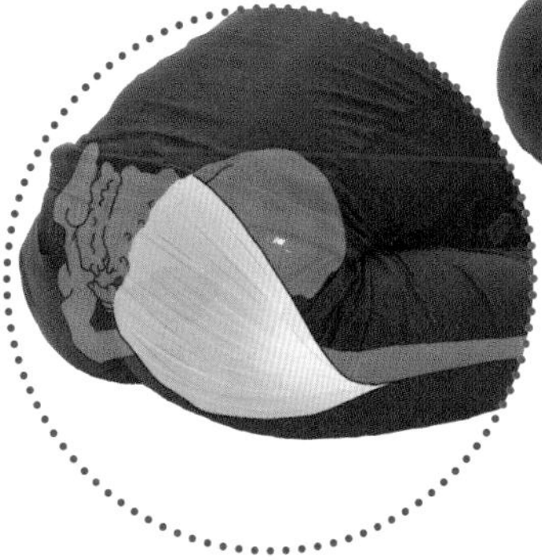

難しい時は……レベルダウン

ひじがつかなくてもOK。ただし、両手をできるだけ前に出していきましょう。

簡単にできる時は……レベルアップ

ひじをついてできるだけ前に出しましょう。

超超硬い

開脚が60～90度未満の人は…

片ひざ立ちで内もも伸ばし

#ストレッチ13▼内転筋ストレッチ（片ひざ立ち）

片ひざ立ちでおこなう内もものストレッチは、座ってやるよりも難易度が下がります。座っておこなう場合はもも裏の柔軟性が必要になるためです。

伸び感が足りない場合は、右手を腰に当てて奥に腰を押し込むようにしてください。すると内ももの付け根あたりが伸びる感じが強くなると思います。

この体勢をとるのが難しい時は、レベルダウンの方法で、右手は太ももの上（横）において支えながら、上半身を右に倒していきます。

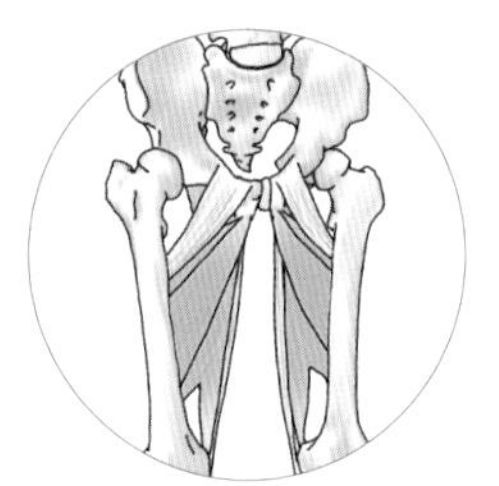
内転筋

内ももが
気持ちよく
伸びる！

内ももだけじゃなく、
脇腹も伸びて
すっきりした！

体がボキボキ
いってる……
肩も腰も楽になる
気がする

動画でチェック

POINT
真横に出した足は、つま先を正面に向ける！

1 ひざ立ちから右足を真横に出しましょう。この時、足はかかとをついて、つま先は正面を向けます。

2 右の腰に手を当てて、左手をバンザイしましょう。

3 そのまま上半身を右に倒します。痛気持ちいいところでストップ！　30 秒キープしましょう。
反対側も同様に。

30 秒× 3 セット

右の内ももが伸びます

難しい時は……レベルダウン

手は腰に当てず、太ももの横に当て、足首を目掛けて伸ばしましょう。

簡単にできる時は……レベルアップ

手で腰をグッと押し込むようにしましょう。

開脚が60～90度未満の人は…

もも裏近くをしっかり伸ばす

#ストレッチ14▼内転筋ストレッチ（よつんばい）

内ももだけでなく、背中全体が伸びてスッキリする！

ももがじんわりほぐれてくる感じが心地いい

寝る前にこのストレッチをするのが日課になりました

よつんばいになると、また違うところを伸ばすことができます。5種類の内転筋のうち、特に大内転筋（だいないてんきん）が伸びます。大内転筋はもも裏に近いところにあるため、もも裏のハムストリングスの硬さが伝染しやすいです。

開脚するには骨盤を起こす（正常な位置に戻す）ことが必要ですが、このストレッチは骨盤がなかなか立たない時にもおすすめです。腰をすこし反った状態をキープしたままお尻を突き出すようにしましょう。丸まってくる腰をコントロールするのが大事です。

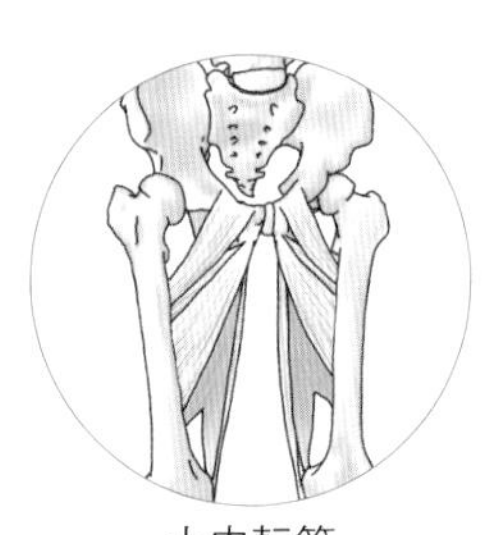
大内転筋

1
よつんばいになり、両ひじを床につけます。
2
ひざ同士をできるだけ離していきましょう。
3
腰をすこし反り気味にして、お尻を突き出していきます。痛気持ちいいところでストップ！30 秒キープしましょう。
30 秒× 3 セット
POINT
腰を反り気味にして、お尻を突き出す！
両方の内ももが伸びます

難しい時は……レベルダウン

ひざは離せる範囲で OK。

簡単にできる時は……レベルアップ

お尻をプリッと突き出すイメージで引く。

超超超 硬い

開脚が0〜60度未満の人は…

あぐらも長座も難しい人でもできる

#ストレッチ15▼大臀筋ストレッチ(アイソメトリック)

ストレッチの姿勢をなかなかうまくとれない時は、この「アイソメトリックストレッチ」がおすすめです。このストレッチでは、力を入れることで緩むという筋肉の性質を利用します。

ひざを開こうとし、同時に手で押して拮抗（力を打ち消し合う）させることで、筋肉を伸ばす姿勢をとらなくてもできるので、体が超・超・超硬くてもOKです。あぐらや長座の姿勢がまったくとれない人は試してみましょう。

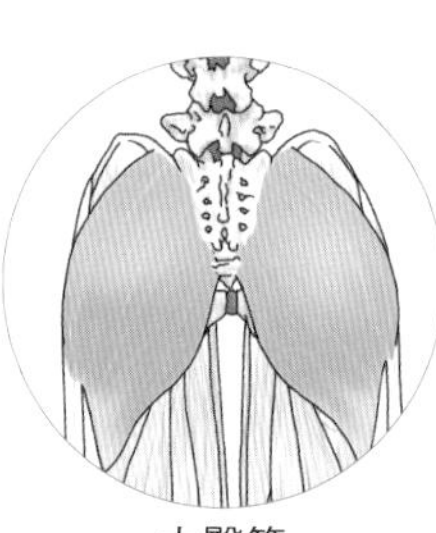

大臀筋　中臀筋

動画でチェック

1

壁に寄りかかり、両ひざを立てて座りましょう。ひざの外側にそれぞれ手を当てます。

2

ひざを開こうとし、同時に手ではひざを閉じようとします。拮抗した状態でストップ！
10 秒キープしましょう。

10 秒× 3 セット

POINT

10 秒目で手の力をふっと抜く！

お尻が伸びます

超超超硬い

開脚が0〜60度未満の人は…

どんなに硬い人でもひざが開く

#ストレッチ16 ▼ 内転筋ストレッチ（アイソメトリック）

内もものアイソメトリックストレッチもやってみましょう。

ひざがなかなか開かない方でも、これを3セットやると、すこし開くようになります。

「そもそもひざを開けないから、内ももなんて伸ばせないよ……」という方でも安心してできます。

手がひざに届かない時は、弾力のあるボールをひざの間に挟んでつぶすようにすると、同じようにストレッチできます。すこし大きめの直径10㎝以上のものを使いましょう。

続けているうちに、ほぐれる感じがわかってきた！

力を抜く瞬間が気持ちいい

終わるとひざがしばらくぷるぷるしてる

内転筋

1 壁に寄りかかり、両ひざを立てて座りましょう。ひざの内側で手をクロスさせて当てます。

2 ひざを閉じようとし、同時に手ではひざを開こうとします。拮抗した状態でストップ！　10秒キープしましょう。

10秒×3セット

POINT

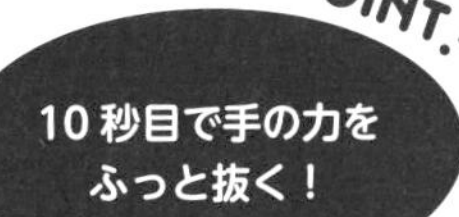

内ももが伸びます

難しい時は……レベルダウン

ゴムボールをひざの間に挟んでつぶすようにしてみましょう。

超超超硬い

開脚が0～60度未満の人は…

ひねって股関節をほぐす

#ストレッチ17▼股関節ほぐし

ストレッチ15、16をやってもストレッチの伸び感がわかりにくい時は、股関節全体をほぐしていきましょう。この動きをすると股関節にひねりの動きを出すことができます。

股関節は丸い形をしていて、球関節とも呼ばれています。丸いがゆえ不安定であり、筋肉がたくさんついています。このひねりの動きで全体的に動かしていきながら、無理なく筋肉をほぐしていきましょう。

足指（特に親指）がポキポキいいます。ここも凝っていたのか !?

骨盤がミシミシいっている。ゆがみも取れたらいいな～

テレビを見ながらやるのにちょうどいい

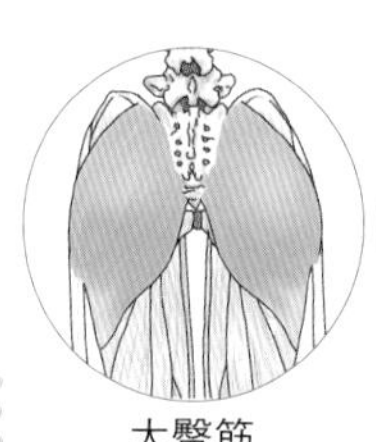
大臀筋

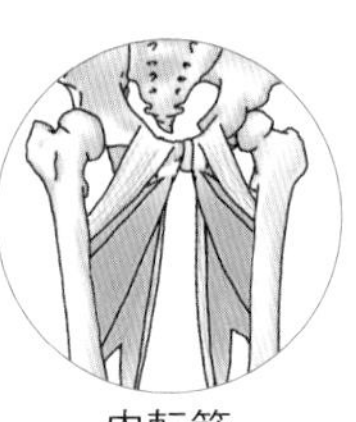
内転筋

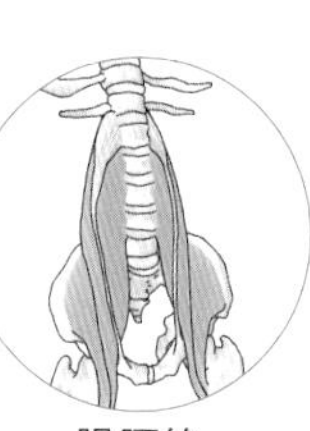
腸腰筋

動画でチェック

1

壁に寄りかかって、両ひざを立てて座り、
両足をすこし外側にズラします。

2

ひざを交互に内側に倒して、床に近づけましょう。
左右に大きく動かす動作を 30 秒続けましょう。

30 秒× 3 セット

股関節が
ほぐれます

簡単にできる時は……レベルアップ

上半身はできるだけ動かさず、腰から下をしっかり動かす。

超超超硬い

開脚が0〜60度未満の人は…

足パカでラクに伸ばす

#ストレッチ18 ▼ 内転筋ストレッチ（足パカ）

寝てするストレッチはそれだけで気持ちいい!!

毎日やっていくと、足の角度がどんどん開いてくるのがわかるからやりがいがある！

これを寝る前にするのがルーティーンになりました

体重をうまく利用してストレッチしましょう。自力で伸ばす必要はないため簡単にできますが、どんどん伸びて制御できないくらいになることも……。

ある意味よく伸びるストレッチなので、なかなか自分で伸ばすのが大変だという時にはこの方法がおすすめです。

壁にかかとをつけておくことで開き具合を調整して、痛気持ちいいくらいでストレッチしましょう。

内転筋

動画でチェック

1

あおむけに寝た状態で、壁に足を立てかけます。お尻は壁から 15cm ほど離しましょう。

POINT

お尻は壁から
15cm ほど離す。
お尻 1 個分くらいが
目安

2

壁にかかとをつけたまま、スライドさせて開脚しましょう。痛気持ちいいところでストップ！　30 秒キープしましょう。

30 秒× 3 セット

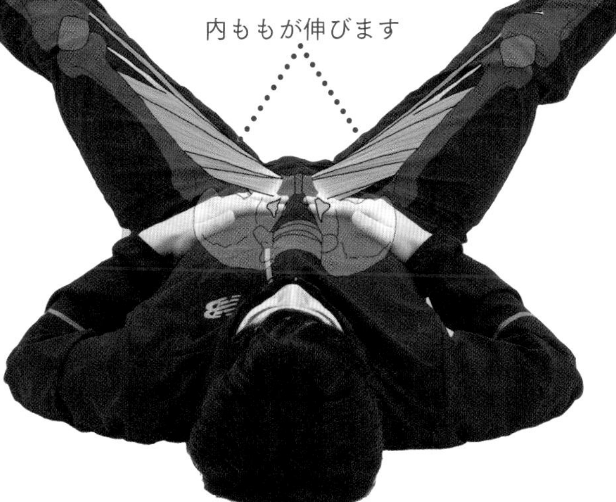

難しい時は……レベルダウン

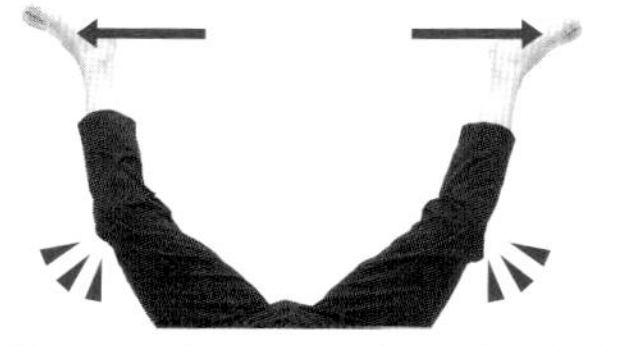

ひざは曲がっても OK。できるだけ開脚してみましょう。

簡単にできる時は……レベルアップ

ひざをしっかり伸ばし、つま先は外側に向けましょう。

たった10秒で前屈がかなり変わる

もも裏リセット

別名「ジャックナイフストレッチ」とも言うこのストレッチは、立った状態から手を下げる前屈（立位体前屈）が、たった10秒でかなり変わります。その驚きの効果をぜひ体験してみてください。

1 足を肩幅に開いて立ち、両ひざを軽く曲げて、両手で太ももをガッチリつかみます。

2 そのまま頭を下げて、お尻を上げていきます。痛気持ちいいところでストップ！10秒キープしましょう。

10秒

太ももの裏がグーっと伸びていきます。

難しい時は……レベルダウン

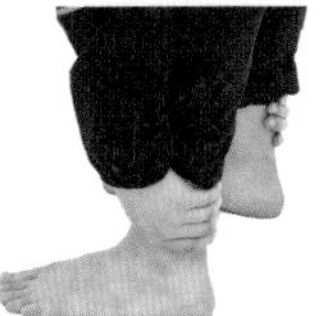

太ももをつかむのが難しい人は、足首をつかんでもＯＫ。

動画でチェック

PART 3

部位別ストレッチ

《肩甲骨》を柔らかく！

柔らか理想は、ひじが鼻より上に上がること！

ストレッチの効果を最大化するためには、順番が大事。
大きい筋肉→小さい筋肉の順におこなってください。

 「超 硬い」人は　**ストレッチ19→20→21**の順に

 「超・超 硬い」人は　**ストレッチ22→23→24**の順に

 「超・超・超 硬い」人は　**ストレッチ25→26→27**の順に

硬い

ひじ合わせでひじがアゴより上がる人は…

すぐに硬くなる肩〜首を伸ばす

#ストレッチ19 ▼ 僧帽筋上部ストレッチ

肩コリに悩まされている身としては、このストレッチの即効性はありがたい

仕事の合間にも座ったままできるから嬉しい！

自分も含めて首コリがキツイ人もいると思うから、はじめは無理しないほうがいい

僧帽筋（そうぼうきん）上部は肩甲骨から首に付着している筋肉です。猫背などで頭が前に出ている場合、成人男性で平均6・7kgもある頭を支えるために常に働くため、すぐ硬くなってしまいます。

腰に当てたほうの腕は、肩の力を抜いてリラックスすると伸び感が強くなります。それでもわかりにくい時は、手を腰ではなく床に向かって引き下げていくと伸び感を感じられるでしょう。

痛気持ちいいところまでしっかり伸ばしていきましょう。

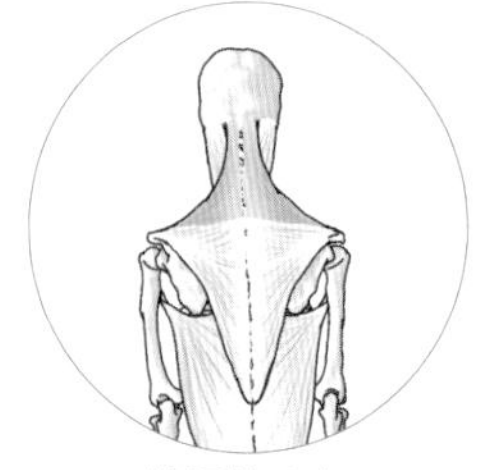
僧帽筋上部

1

正座 or イスに座り、右手の甲を腰に当てます。

2

左手は右耳の上に当て、真横（左）に引っ張りましょう。痛気持ちいいところでストップ！　30 秒キープしましょう。
反対側も同様に。

30 秒× 3 セット

POINT 左手は右耳の上に

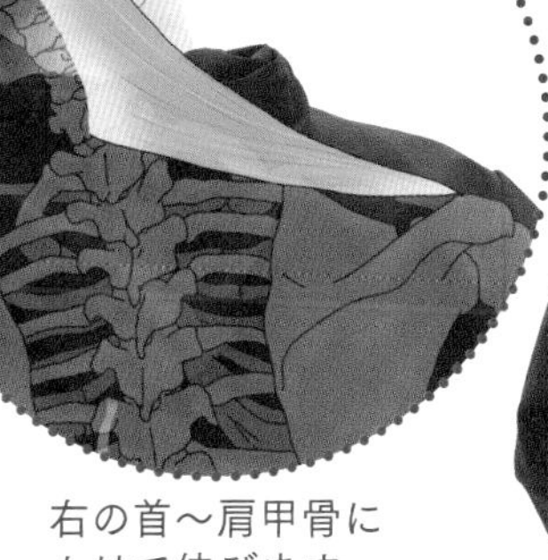

右の首～肩甲骨にかけて伸びます

難しい時は……レベルダウン

手が届かない時は、タオルを頭にかけて引っ張りましょう。

超 硬い

ひじ合わせでひじがアゴより上がる人は…

肩まわりを伸ばしてスッキリ！

#ストレッチ20 ▼僧帽筋上部内側線維ストレッチ

このストレッチをすると頭がすっきりしてリフレッシュできる!!

肩コリがずいぶん楽になりました

首が気持ちよく伸びる！

僧帽筋上部には内側線維（ないそくせんい）というものがあり、ここも分けてストレッチすることでさらに肩まわりがスッキリします。ストレッチ19と比べると、やや後ろ側が伸びる感じがあると思います。

筋肉は線維に沿って伸ばすとストレッチの効率が上がります。内側線維はすこし内側にあるため、真横ではなく斜めに引っ張ることで線維に沿って伸ばすことができます。筋肉をイメージしながら伸ばしていきましょう。

僧帽筋上部内側線維

動画でチェック

1

ストレッチ19と同様に正座 or イスに座り、右手の甲を腰に当てます。

2

左手は右耳の上よりもすこし後ろに当て、左の斜め前に引っ張りましょう。痛気持ちいいところでストップ！　30秒キープしましょう。反対側も同様に。

30秒× 3セット

POINT

左手は右耳の上より すこし後ろに当て、斜め前に引っ張る

右の首～肩甲骨にかけて やや後ろの方が伸びます

難しい時は……レベルダウン

手が届かない時は、タオルを頭にかけて引っ張りましょう。

超 硬い

ひじ合わせでひじがアゴより上がる人は…

肩が一気に軽くなる

#ストレッチ21 ▼ 僧帽筋中部ストレッチ

腕にもいいみたいですっきりする

肩にダイレクトに効く感じ！

続けているうちに肩がかなり動くようになった！

僧帽筋は上部・中部・下部の3つの部位に分かれている大きい筋肉です。そのため部位ごとに分けてストレッチしないと伸びにくい筋肉になります。

この中部はストレッチの姿勢がキツく、とても伸ばしにくい筋肉です。それゆえ硬くなりやすいのですが、ここが柔らかくなると肩が一気に軽くなります。

キツい場合も、「超・超・超」↓「超・超」↓「超」と進みながら徐々にチャレンジしてみましょう。

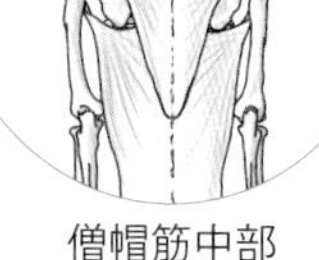

僧帽筋中部

動画でチェック

POINT

右手の甲は脇腹のあたりに当てる

1

正座 or イスに座り、右手の甲を腰に当てます。ストレッチ19、20より外側の脇腹のあたりに当てましょう。

2

左手で右ひじをつかんで、前に引っ張り出しましょう。痛気持ちいいところでストップ！30秒キープしましょう。
反対側も同様に。

30秒×3セット

右の肩甲骨の真ん中が伸びます

超超硬い

ひじ合わせでひじはつくが、アゴまで上がらない人は…

肩まわりの小さい筋肉をほぐす

#ストレッチ22 ▼肩甲挙筋ストレッチ

肩甲挙筋（けんこうきょきん）は僧帽筋の近くにある小さい筋肉です。ストレッチ20と似ていますが、伸びるところがやや頭に近いところになります。

肩甲骨を引き上げる働きをもっているため、イカリ肩や猫背だと常にりきんでいて硬くなっていることが多い筋肉です。

手の位置を前に出すのは、後ろにすると僧帽筋が伸びてしまうためです。微妙な位置の違いで伸びる筋肉が変わるのは、たくさん筋肉がついている肩甲骨まわりのストレッチの特徴です。

肩が重くなってきた時、こまめにこのストレッチをするといいと思う

気分転換したい時にぴったり

これをすると頭の付け根が軽くなる！

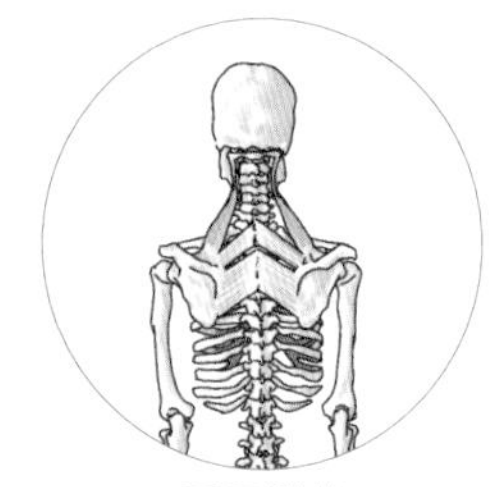

肩甲挙筋

動画でチェック

1

正座 or イスに座ります。右手をひざの上におき、左手を後頭部のすこし右寄りに当てます。

2

頭を左斜め前に引っ張りましょう。目線は左ひざへ向けます。痛気持らいいところでストップ！　30秒キープしましょう。
反対側も同様に。

30秒× 3セット

POINT
目線は
左のひざ！

右の首の後ろが
伸びます

超超硬い

ひじ合わせでひじはつくが、アゴまで上がらない人は…

首まわりの重苦しさを取る

#ストレッチ23 ▼頭板状筋ストレッチ

後頭部〜首の筋肉である頭板状筋（とうばんじょうきん）のストレッチも、肩甲骨まわりを柔らかくするうえでとても大事です。

後頭部に付着する筋肉を伸ばすゆえ、ストレートネックによる首の重苦しさにもおすすめ。また偏頭痛にも効果的なストレッチです。

耳の後ろあたりから首すじまで全体的に伸び感を感じられれば、うまくストレッチできています。

後頭部が気持ちよく伸びる

背中全体をねじっている感じでしゃきっとする！

肩まわりがすっきりしてきた

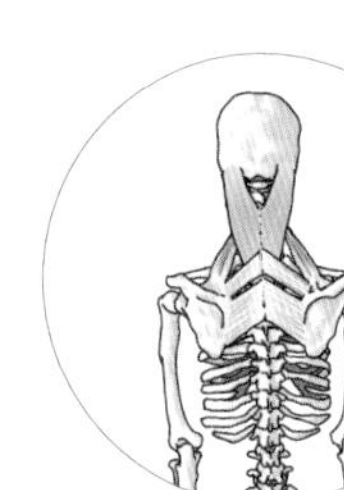

頭板状筋

動画でチェック

1 正座 or イスに座り、両手を組んで、後頭部に当てます。すこし右寄りです。

2 両手で頭を左斜め前に引っ張りましょう。目線は左ひざへ向けます。

右の後頭部が伸びます

POINT

外側を見るようにひねる

3 そこからさらに外側を見るようにひねりましょう。痛気持ちいいところでストップ！ 30秒キープしましょう。反対側も同様に。

30秒×3セット

難しい時は……レベルダウン

手が届かない時は、タオルを頭にかけて引っ張りましょう。

超超硬い

ひじ合わせでひじはつくが、アゴまで上がらない人は…

鎖骨の動きをよくする

#ストレッチ24 ▼胸鎖乳突筋ストレッチ

首の横がぴきぴきする感じがして、終わった後はすっきり！

首が以前よりも動きやすくなりました

昔に比べて肩コリによる頭痛がしなくなったのは、このストレッチのおかげかも!?

胸鎖乳突筋（きょうさにゅうとつきん）は名前の通り、胸にある鎖骨から後頭部にある乳様突起までをつなぐ細長い筋肉です。こちらは横を向く時に働く筋肉で、よく寝違えて痛くなるところです。

鎖骨にくっついているところがミソで、鎖骨の動きは肩甲骨に大きな影響を与えるので、硬くなると肩甲骨の動きも悪くなってしまうのです。一見、何の関係もなさそうな鎖骨ですが、首や肩、背中と同様に柔らかくしておく必要があります。

胸鎖乳突筋

1 正座 or イスに座り、右手の甲を腰に当て、左手はひざの上に置いておきます。

2 目線を左斜め後ろの床に向けます。上半身は正面に向けたまま、首から上だけ動かしましょう。痛気持ちいいところでストップ！　30 秒キープしましょう。反対側も同様に。

30 秒× 3 セット

右の首の横が伸びます

POINT
目線は左斜め後ろの床に！

超超超硬い

ひじ合わせでひじがつかない人は…

背中の広い筋肉を伸ばし、腕を軽く

#ストレッチ25 ▼広背筋ストレッチ

超・超・超硬い人向けストレッチは、どれも大きな筋肉を伸ばしています。

最初は広背筋で、名前の通り背中で一番広い筋肉です。広背筋は長時間座っていたり、猫背や巻き肩などの不良姿勢になっていたりするとすぐ硬くなってしまいます。

お尻から肩甲骨を通って腕までくっつく筋肉なので、しっかりストレッチしましょう。腕が軽くなるので、バンザイしにくい方にもおすすめです。

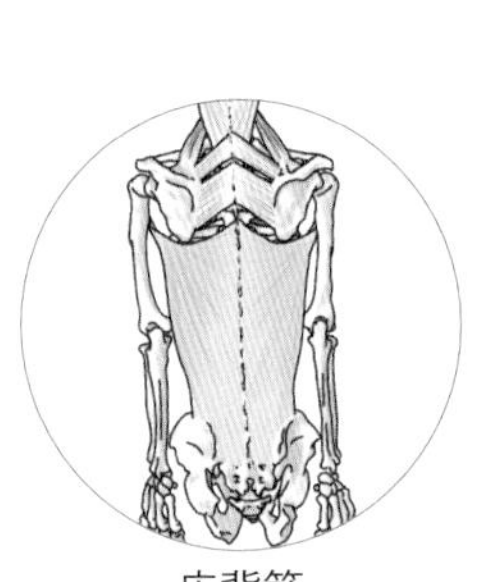
広背筋

わきがよく伸びて本当に気持ちいい！

腕の付け根がツンとして、すこし痛い……でもそれがだんだん気持ちよくなってくる

このストレッチを続けていたら、腕をまわしやすくなりました

1

よつんばいになります。肩の真下に手のひら、お尻の真下にひざがくるように。

2

左ひじを床につけたら、右手は左手の延長線上に伸ばしましょう。
痛気持ちいいところでストップ！　30秒キープしましょう。
反対側も同様に。

30秒×3セット

右のわき～背中が伸びます

簡単にできる時は……レベルアップ

右手を左手の延長線上からさらにクロスするように伸ばしていきましょう。

超超超硬い

ひじ合わせでひじがつかない人は…

張りやすい筋肉を気持ちよくほぐす

#ストレッチ26 ▼ 菱形筋ストレッチ

普段肩コリとかはないけど、肩甲骨が張っていることにはじめて気づかされました

このストレッチをすると、自分の首がつっぱっているのがよくわかる

肩甲骨がゆるむ感じがなんとなくわかってきた！

菱形筋（りょうけいきん）は、美容室に行った時にマッサージされて気持ちいいあの場所で、肩甲骨の内側についているひし形の筋肉です。デスクワークをしているとすぐ張ってきて重苦しくなってしまいます。

ストレッチの方法はすこしコツがいりますが、胸の前につくった楕円形（だえんけい）をタマゴと考えて、割らないように手を突き出すようにすると伸び感が強くなります。

菱形筋

1 正座 or イスに座り、前ならえをしたら恋人つなぎをします。

2 胸の前に楕円形の輪っかをつくり、そのまま手を前に突き出します。同時に胸を後ろに引いて、背中を丸めましょう。痛気持ちいいところでストップ！　30 秒キープしましょう。

30 秒× 3 セット

超超超硬い

ひじ合わせでひじがつかない人は…

肩甲骨を動きやすく

#ストレッチ27 ▼大胸筋ストレッチ

胸がよく伸びるからか、終わった後、呼吸がラクになる！

胸よりも先に、手が引きちぎられるくらい伸びる笑

とにかく気持ちよくて、何度でもやりたくなる!!

肩コリがつらい時、胸を張りたくなりませんか？

そうです、胸を張ると肩甲骨は動きます。胸の動きが硬いと、肩甲骨の動きも悪くなってしまいます。

この大胸筋（だいきょうきん）は胸の前にある筋肉で、よく筋肉芸人さんがピクピク動かしているアレです。鎖骨や腕の骨である上腕骨（じょうわんこつ）にもくっついています。

伸び感がわかりにくい時は、腕をすこし上下にズラしてやってみてください。

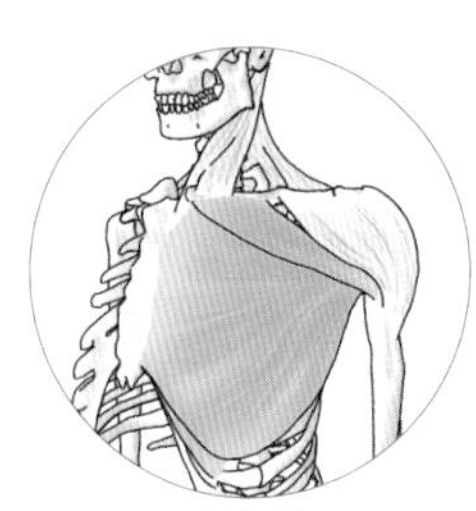

大胸筋

動画でチェック

1

よつんばいになります。そのまま左手を真横に伸ばします。

2

右ひじを床につけ、左肩を床に近づけながら、上半身を右にひねっていきます。痛気持ちいいところでストップ！　30秒キープしましょう。反対の手も同様に。

30秒×3セット

POINT

左肩を床に近づけながら、上半身を右にひねる！

左の胸が伸びます

即効性のあるストレッチ 02

たった10秒でバンザイがラクにできるようになる

りきみリセット

このストレッチは肩と首の“りきみ”をたった10秒ですっきり取ることができます。「肩が張ってきたな」「凝ってきたな」など、肩や首に何らかの違和感や痛みを感じた時におこなうのが効果的。肩が上がりにくい人も格段に上がりやすくなります。

1 正座かイスに座った状態、もしくは立った状態で、肩の力を抜き、両手をだらんと下げておきます。

2 両肩を耳に近づけ、首をすぼめるようにします。そのまま10秒キープしましょう。

10秒

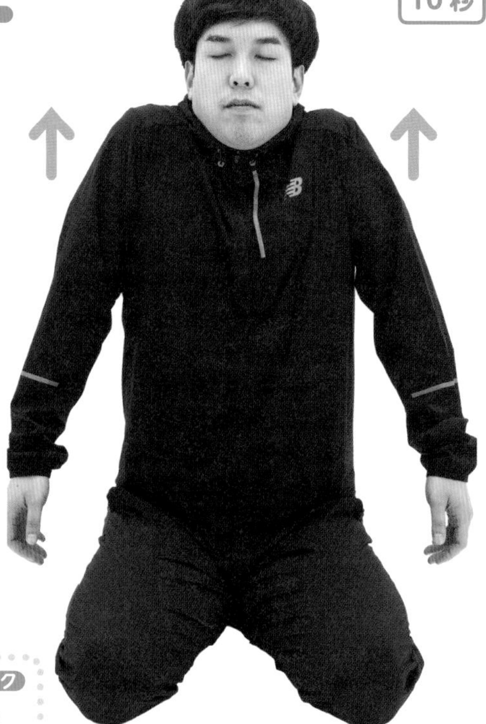

POINT

ストンと肩を下ろした時に力が抜けて、肩が上がりやすくなります

3 10秒目でストンと肩を下ろします。

PART 4

部位別ストレッチ

《足関節》を柔らかく！

柔らか理想は、腰に手を当て、かかとをつけて座れること！

ストレッチの効果を最大化するためには、順番が大事。
大きい筋肉→小さい筋肉の順におこなってください。

「超 硬い」人は　**ストレッチ28→29→30の順に**

「超・超 硬い」人は　**ストレッチ31→32→33の順に**

「超・超・超 硬い」人は　**ストレッチ34→35→36の順に**

硬い

頭に手を当てれば、かかとをつけてしゃがめる人は…

ふくらはぎを伸ばす

#ストレッチ28 ▼ヒラメ筋ストレッチ

最初は伸びているかわかりにくかったけど、やっていくうちに伸び感がわかるようになってきた

はじめてやった時は足がつりそうになった笑

ふくらはぎの中がじんわり伸ばされる感じ

ヒラメ筋はふくらはぎの下腿三頭筋の1つで、腓腹筋（ひふくきん）の奥にある筋肉です。腓腹筋に続く大きな筋肉のため、足首を柔らかくするうえではスルーできません。しかし奥にある筋肉のため、なかなか伸ばしにくいという難点があります。

伸び感が少ない場合は、先に表面にある腓腹筋を十分に伸ばした後にストレッチすることが重要です。腓腹筋を伸ばすストレッチは超・超・超硬い人向けのストレッチ34、35、36で紹介しています。

ヒラメ筋

1

右ひざを曲げ、前に出して忍者のようなポーズをとります。

2

両手を右ひざの上にのせ、そのまま前に体重をかけます。かかとが浮かないように注意してください。痛気持ちいいところでストップ！　30 秒キープしましょう。反対の足も同様に。

30 秒× 3 セット

POINT

前に体重をかけた時に、かかとが浮かないように注意！

ふくらはぎが伸びます

難しい時は……レベルダウン

立ったままやりましょう。

①壁に両手をついて、右足を後ろに引きましょう。
②右ひざを曲げて前に体重をかけます。かかとが浮いても OK。

簡単にできる時は……レベルアップ

右かかとをお尻の方に近づけておこなってみましょう。

超 硬い

頭に手を当てれば、かかとをつけてしゃがめる人は…

足首のつまり感を取る

#ストレッチ29 ▼前脛骨筋ストレッチ

足首の前が伸ばされて、気持ちいいです

足首の前側ってこれまであんまり伸ばしたことがなかった！

終わった後、足首が本当に軽くなります!! むくみにもよさそう

実はここが大事なポイントだったりします。しゃがんだ時に足首の前に「つまる」感じがある場合は、前脛骨筋（ぜんけいこつきん）が硬いのです。

このつまり感を取ることがしゃがみを1upさせる秘訣です。よくある足首のストレッチは後ろ側を伸ばすものが多いのですが、前側もしっかり伸ばしておかないといけません。

いきなり伸ばして痛みが強く出る場合は、↓レベルダウンの方法でまずはマッサージでほぐして硬さを取ってみましょう。

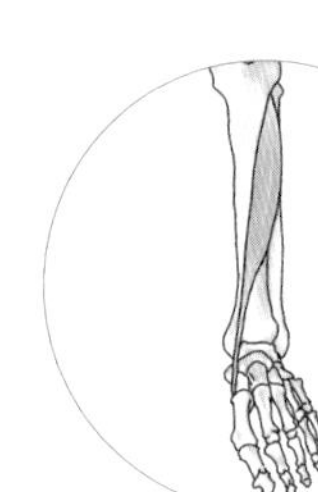
前脛骨筋

1 正座をして後ろに右手をつきます。

2 左手で左ひざを持ち上げながら後ろに体重をかけましょう。痛気持ちいいところでストップ！　30秒キープしましょう。反対側も同様に。

30秒×3セット

難しい時は……レベルダウン

ストレッチではなくマッサージをしましょう。足首の前を上から下ろすようにほぐしていきます。

頭に手を当てれば、かかとをつけてしゃがめる人は…

足裏伸ばし

#ストレッチ30 ▼ 足底筋膜ストレッチ

足の裏が
軽くなる感じ！

たくさん歩いて
疲れた時にこの
ストレッチをしてみたら、
だいぶ楽になりました

普段気づかないだけで、
足の裏もけっこう
凝ってるということが
わかる!!

足の裏も意外と大事です。皆さんはたくさん歩いた後、ふくらはぎが張った後に足の裏も張ってきた経験があるのではないでしょうか？

実はこの足底筋膜（そくていきんまく）は、足首をまたいで、ふくらはぎの下腿三頭筋とつながっています。どちらも伸ばして柔らかくすることが重要です。

足底筋膜のほかにも足の裏には足首をまたぐ筋肉がいくつかあります。それらの硬さは足首の硬さに影響するためしっかり伸ばす必要があります。

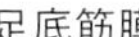

足底筋膜

動画でチェック

1 よつんばいで両足の指を立てます。

2 起き上がって足の指を立てたまま正座になりましょう。痛気持ちいいところでストップ！ 30秒キープしましょう。

30秒×3セット

足の裏が伸びます

難しい時は……レベルダウン

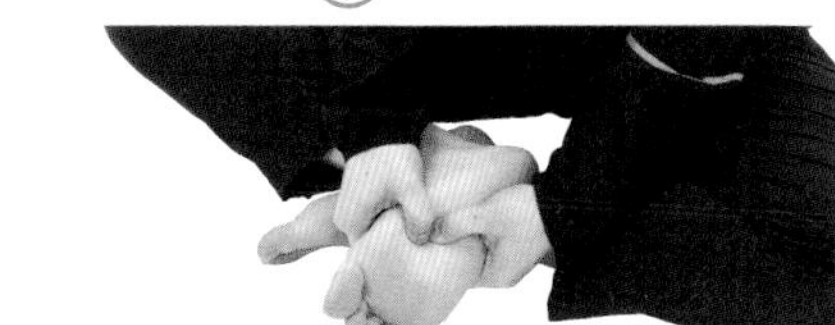

ストレッチではなくマッサージをしましょう。足の裏の真ん中あたりを両手の親指でぐいぐい押してほぐしていきます。

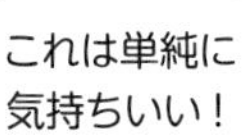

前にならえをしてなら、かかとをつけてしゃがめる人は…

ほぐして重心のかたよりを正す

#ストレッチ31 ▼ かかとほぐし

痛気持ちいいとはまさにこのこと!! 足がスッキリするから、夕方、職場でもやってます

押すまではわからなかったけど、信じられないくらいごりごりしていて自分でも驚いた

これは単純に気持ちいい!

超・超硬い人向けには、ストレッチではなく、ほぐしがメインになります。

しゃがんだ時に土踏まずがつぶれてしまう方はかかとが硬いことが多いです。もとから扁平足（へんぺいそく）の方もチェックしておきたいところ。

立ち姿勢の重心の位置は人それぞれですが、内側に重心が寄っていると、かかとが硬くなります。この場所にある長母趾屈筋（ちょうぼしくっきん）や母趾外転筋（ぼしがいてんきん）は小さな筋肉ですが、足首をまたぐため、足首の硬さに影響します。

扁平足や内股の方は内側に重心がありがちなので、押すと、きっと痛いはずです。

長母趾屈筋

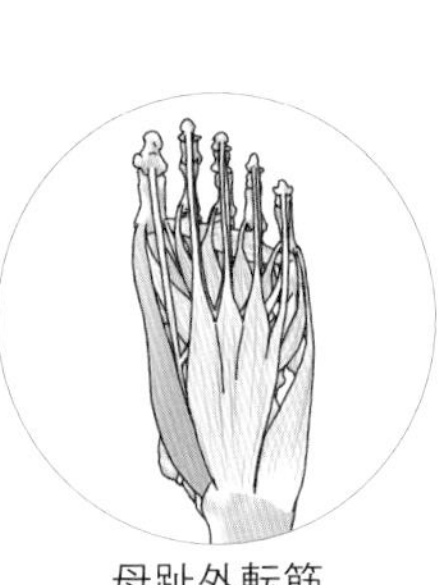

母趾外転筋

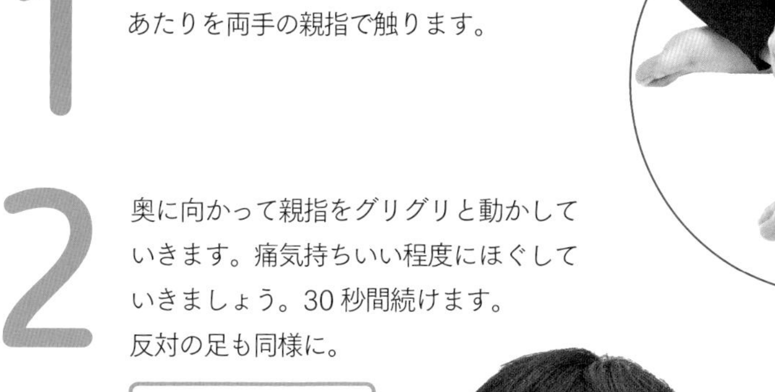

1 うちくるぶしとかかとのちょうど真ん中あたりを両手の親指で触ります。

2 奥に向かって親指をグリグリと動かしていきます。痛気持ちいい程度にほぐしていきましょう。30秒間続けます。
反対の足も同様に。

30秒×3セット

POINT
あまり強く押すと筋肉を痛めてしまうので注意！

かかとがほぐれます

超超硬い

前にならえをしてなら、かかとをつけてしゃがめる人は…

ふくらはぎの硬さと張りを取る

#ストレッチ32 ▼ ふくらはぎ中心ほぐし

ふくらはぎの硬さや張りがなかなか取れない時は、ふくらはぎの中心をほぐすといいです。

ここは筋肉が重なり合う場所で、しっかりストレッチをしていても意外と硬くなっていることがあります。

足の重さを利用して寝たままできるので、モチベーションが上がらない時でも重い腰を上げる必要がありません。ズボラでありたい時に、ぜひ。

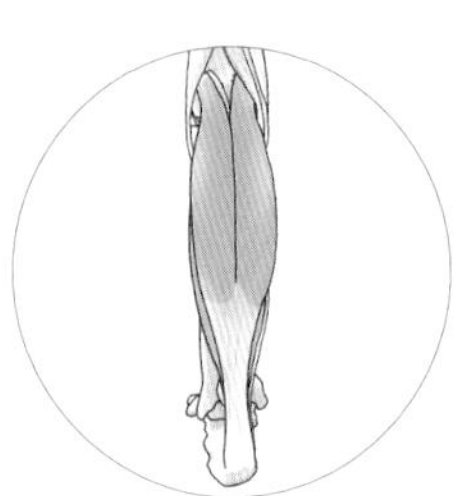

下腿三頭筋

簡単だし
気持ちいいので、
家でくつろいでいる時に
無意識にやってます

気持ちいいからって
ごりごりやりすぎると
けっこう痛いです。
はじめての方は
気をつけてください

体重がある人は、
自分の足の重みで
かなり奥まで
入ります

1 あおむけに寝て両ひざを立てます。

2 右のふくらはぎの真ん中を左のひざに当て、そのまま上下左右に右足を動かします。痛気持ちいい程度にほぐしていきましょう。30 秒間続けます。
反対の足も同様に。

30 秒× 3 セット

POINT 1
ふくらはぎの
真ん中をひざに
当ててほぐす

POINT 2
動かし方は
上下左右

ふくらはぎが
ほぐれます

超超硬い

前にならえをしてなら、かかとをつけてしゃがめる人は…

足首まわりのめぐりをよくする

#ストレッチ33 ▼ ふくらはぎ横ほぐし

足首が本当に硬いので、はじめは足首を上下に動かすのが難しかった……

ふくらはぎ全体に血がめぐる感じがして気持ちいい！

ふくらはぎが心地よく圧迫されて、まるで誰かにマッサージされているみたい

ふくらはぎの真横には「筋間中隔（きんかんちゅうかく）」と呼ばれる溝があります。ここは筋肉と筋肉の境目で、小さな血管がたくさん存在します。

このストレッチでは筋間中隔を広げながら筋肉を動かすことで、足首まわりの循環をよくすることができます。

循環不良に伴うむくみや足の冷えは筋肉の動きを悪くしてしまうので、しっかりとほぐしていきましょう。

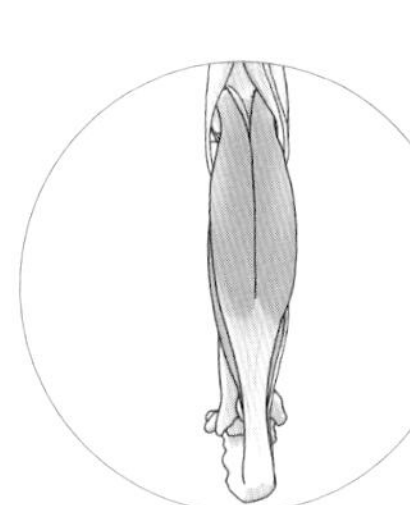

下腿三頭筋

動画でチェック

1 右のひざを立てて座り、両手の手のひらの根元を右のふくらはぎの真横に当てます。

2 手のひらを押し込んだまま、つま先を上下に動かしていきます。痛気持ちいい程度にほぐしていきましょう。30 秒間続けます。
反対の足も同様に。

30 秒× 3 セット

両手でコブシをつくり、それをふくらはぎの真横に当てます。手のひらよりも硬くなるので、より筋肉の奥に入っていきやすくなります。

ふくらはぎがほぐれます

超超超硬い

かかとをつけると、しゃがめない人は…

足首につながる最大の筋肉を伸ばす

#ストレッチ34 ▼ 腓腹筋ストレッチ

超・超・超硬い人は、大きい筋肉をしっかり伸ばしていきましょう。

下腿三頭筋は足首につながる最大の筋肉です。歩く時、階段をあがる時、立っている姿勢を保持するためにも使われるため、疲労が蓄積しやすく、とても硬くなりやすい筋肉になります。

下腿三頭筋は2つの筋肉に分けられ、表面にあるのを腓腹筋（ひふくきん）、奥にあるのをヒラメ筋と呼びます。ひざが曲がってしまうと下腿三頭筋が伸びにくくなってしまうので、しっかりと伸ばしておきましょう。

かかとを床につけるのが難しい場合は、近づけるだけでOKです。

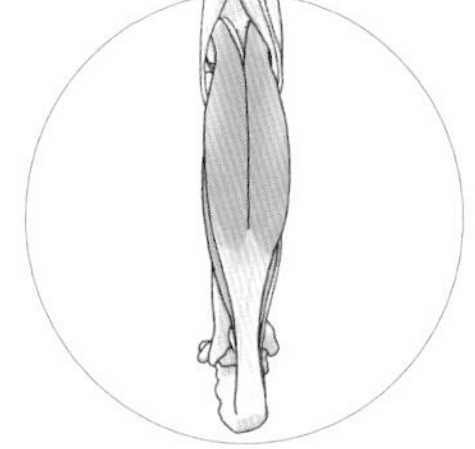

下腿三頭筋

かかとを床につけるのが難しかったけど、日に日にできるようになってきている

疲れがたまった時にやると足全体がラクになります

かかとを床につける時、ふくらはぎがぴーんと伸びているのがわかる！

動画でチェック

1 よつんばいの姿勢から両ひざを浮かし、三角形になります。その状態で左足を右足に乗せてください。

2 右のかかとを床に近づけていきましょう。痛気持ちいいところでストップ！ 30秒キープしましょう。反対の足も同様に。

30秒×3セット

ふくらはぎが伸びます

POINT かかとを床に近づけていく

難しい時は……レベルダウン

立ってやりましょう。
①壁に両手をついて、右足を後ろに引きましょう。
②右ひざを伸ばし、つま先を正面に向け前に体重をかけます。ひざが伸びていれば、かかとは浮いてもOK。痛気持ちいいところでストップ！ 30秒キープしましょう。反対の足も同様に。

簡単にできる時は……レベルアップ

胸を足に近づけていきましょう。

超超超硬い

かかとをつけると、しゃがめない人は…

ガニ股・O脚を改善し、冷え・むくみを取る

#ストレッチ35 ▼ 腓腹筋内側頭ストレッチ

かかとを
外側に向ける時、
バランスをとるのが
けっこう難しい。
O脚だからかな！？

はじめは
やりにくかったけど、
慣れてくると断然
気持ちよくなってくる

冷え性なのですが、
このストレッチをすると
足先まで温まります！

腓腹筋は大きい筋肉で、内側と外側に分けられます。このストレッチでは内側の内側頭（ないそくとう）を中心に伸ばしています。

腓腹筋内側頭はガニ股やO脚といった姿勢で硬くなっていることが多いです。

またこの内側頭の近くには静脈があるため、足首まわりにむくみが出ることがあります。冷えやむくみがある方はここ内側頭をしっかり柔らかくしておきましょう。

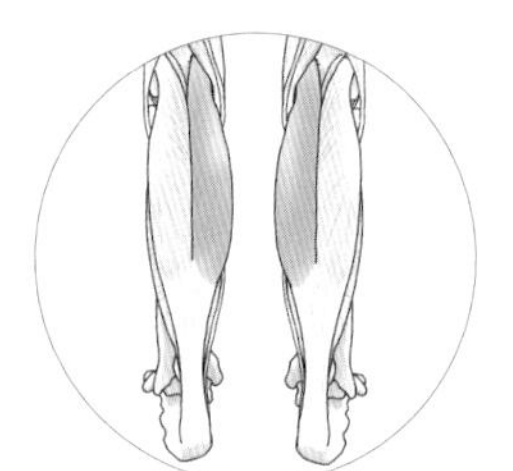

下腿三頭筋（腓腹筋内側頭）

動画でチェック

1

よつんばいの姿勢から両ひざを浮かし、三角形になります。
その状態で左足を右足に乗せてください。
（ここまではストレッチ 34 と同様）

2

右のかかとをコブシ 1 つ分外側に向けます。そのままかかとを床に近づけていきましょう。痛気持ちいいところでストップ！　30 秒キープしましょう。
反対の足も同様に。

30 秒× 3 セット

POINT
かかとはコブシ 1 つ分、外側に向ける

ふくらはぎの内側が伸びます

難しい時は……⬇レベルダウン

立ってやりましょう。
①壁に向かって両手をついて、右足を後ろにひきましょう。
②右ひざを伸ばし、かかとをコブシ 1 つ分外側に向け、前に体重をかけます。かかとが浮いても OK。痛気持ちいいところでストップ！　30 秒キープしましょう。反対側も同様に。

簡単にできる時は……⬆レベルアップ

胸を足に近づけていきましょう。

かかとをつけると、しゃがめない人は…

内股・X脚が原因の硬さを取る

#ストレッチ36 ▼ 腓腹筋外側頭ストレッチ

自分の場合、かかとを外側に向けるストレッチ35より、内側に向けるこのストレッチのほうが簡単にできた。人によって違いがあるのかも……

足に血がめぐる感じがはっきりわかる！

ふくらはぎがぎゅーっと伸びて本当にすっきりする

外側にある腓腹筋外側頭（がいそくとう）のストレッチです。外側頭は内股やX脚といった姿勢で硬くなっていることが多いです。

シンスプリント（走り過ぎによるすねの慢性的な痛み）や捻挫癖がある時もここが硬いことが多いため、当てはまる場合はしっかりとストレッチしていきましょう。

両手がきつい時は、立っておこなう方法（レベルダウン）に切り替えましょう。体のりきみが少ない状態のほうが目的の筋肉をしっかり伸ばすことができます。

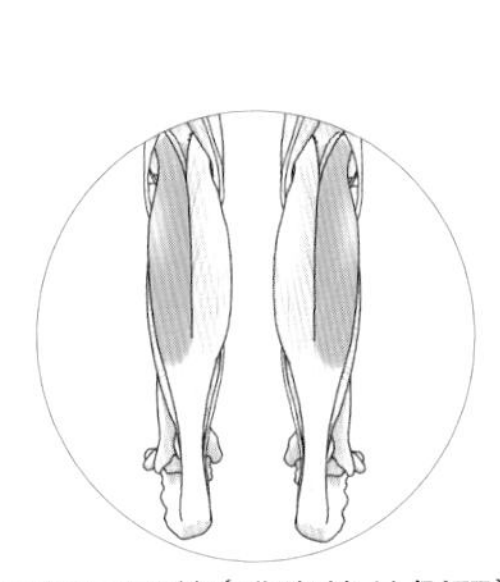

下腿三頭筋（腓腹筋外側頭）

1

よつんばいの姿勢から両ひざを浮かし、三角形になります。
その状態で左足を右足に乗せてください。
（ここまではストレッチ 34、35 と同様）

2

右のかかとをコブシ１つ分内側に向けます。そのままかかとを床に近づけていきましょう。痛気持ちいいところでストップ！　30 秒キープしましょう。
反対の足も同様に。

30 秒×３セット

POINT
かかとはコブシ１つ分、内側に向ける

ふくらはぎの外側が伸びます

難しい時は……レベルダウン

立ってやりましょう。
①立って壁に両手をつきます。右足を後ろにひきましょう。
②右ひざを伸ばし、かかとをコブシ１つ分内側に向け、前に体重をかけます。かかとが浮いても OK。痛気持ちいいところでストップ！　30 秒キープしましょう。反対側も同様に。

簡単にできる時は……レベルアップ

胸を足に近づけていきましょう。

即効性のあるストレッチ 03

たった10秒でしゃがみがかなり変わる

ふくらはぎリセット

ふくらはぎの筋肉がほぐれ、むくみ解消に効果的です。足首の硬さもしっかり取れるので、しゃがみ姿勢がラクにできるようになります。運動疲労や長時間の立ち仕事、デスクワークなどでふくらはぎがパンパンになった時にもおすすめです。

片方のひざを立てて座ります。
ふくらはぎの真ん中に両手の親指をぐっと突っ込み、奥に向かってグリグリとほぐします。反対の足も同様に。

10秒

動画でチェック

PART 5

こんなポーズも夢じゃない!?

《究極の目標》

ストレッチを続けることができたら、2～3週間ごとに「硬さCHECK」（13～21ページ）をおこなってみてください。

はじめは「超・超・超硬い」人でも、2～3週間後には「超・超硬い」、さらに2～3週間で「超硬い」と、どんどんレベルアップしていることがわかるはず。

そうなれば、夢の開脚ベターっもすぐ目の前！

開脚ベターっ！

両足を150度以上開けるようになれば目標達成！

30秒ストレッチを続けていくと、
超・超・超硬い人でも開脚ベターっはできる!!
血行がよくなり、ケガもしにくくなり、
腰痛・肩コリが解消し……と
体にとってメリットだらけ!!

開脚ベターっのメリット

腰痛・肩コリはデスクワーク時の座り姿勢がかなり影響しています。股関節の硬さから姿勢が悪くなり、その結果起こるパターンがほとんど。開脚ベターっは、骨盤をしっかり起こし、股関節を前に曲げなければいけないため、これができるということは股関節が柔らかい状態になっているということ。つまり腰痛や肩コリの予防にもつながります。

開脚ベターっの極意

達成までの期間

ストレッチを毎日続けるという前提条件をクリアしたうえで、個人差はありますが2〜3週間ほどでできるようになります。その後、4〜6週くらいで柔軟性が定着してくる（ストレッチを休んでも硬さが戻らなくなる）イメージです。

注意点

人によってはどんなにストレッチをしても180度開脚ができない人もいます。これは柔軟性の問題ではなく、生まれつきの骨盤の形が原因。特に男性の場合、難しい人が多い印象です。ただし180度開脚が無理でも、ベターっと体を床につけることは誰でも可能。150〜160度開脚でベターっができれば目標達成です！

目安となるレベル

本書で紹介している股関節のストレッチの「超硬い」レベルがラクラクできるようになると、ベターっと床に体をつけられるようになります。

背中で合掌

これができれば姿勢もよくなる！

筋肉がある男性で、特に猫背の人にとってはなかなか難しいポーズです。背中の筋肉が伸び切った状態で固まっていると胸を張れないので、そもそも後ろに手をまわすことができません。このポーズができれば、肩、肩甲骨、背中がかなり柔らかくなっていると言えるでしょう。姿勢もよくなっているはずです。

手を組んでしゃがむ

ひざや腰の痛み、転倒予防にも大切なポーズ !!

足首が硬いと、しゃがんだ時に重心が後ろにいってしまい、うまく座れません。足首が柔らかくなれば重心を前にもっていけるので、手を後ろで組んでもラクにしゃがめるようになるでしょう。足首の硬さはその上にあるひざや腰の痛みにもつながります。転倒やケガ防止のためにも、このポーズはとても重要です。

[著者]

オガトレ

理学療法士。ストレッチ系YouTuber。
宮城県生まれ。専門学校卒業後、理学療法士の資格を取得し、6年間、公立の急性期病院にて、脳外科、整形外科、呼吸器、がん、スポーツ外来のリハビリに従事。その傍らトレーナーとしてインターハイや国民体育大会へ同行した。その後、訪問リハビリ、フィットネスジムの責任者を経て、現在はYouTuberとして活動している。
「体が硬くて困っている人をゼロにしたい」を信念に動画を配信しているYouTubeでのチャンネル登録者数は開始後1年で30万人を突破し、今も日々伸び続けている。

オガトレの
超・超・超かたい体が
柔らかくなる30秒ストレッチ

2020年7月29日　第1刷発行
2024年10月2日　第10刷発行

著　者――――オガトレ
発行所――――ダイヤモンド社
〒150-8409　東京都渋谷区神宮前6-12-17
https://www.diamond.co.jp/
電話／03･5778･7233（編集）　03･5778･7240（販売）

装幀――――――斉藤よしのぶ
写真撮影――――大沼英樹
本文デザイン――浦郷和美
キャラクターイラスト―あかね大佐
人体イラスト――アナトミーイラストレーターkei
ポーズイラスト―伏田光宏
DTP制作――――浦郷和美
動画撮影――――千葉健一
動画編集――――磯部則光(ペニーレイン社)
ヘアメイク―――根岸寿枝
撮影協力――――佐々木ひとみ(高原社)
編集協力――――野本千尋
製作進行――――ダイヤモンド・グラフィック社
印刷――――――勇進印刷
製本――――――ブックアート
編集担当――――酒巻良江

ISBN 978-4-478-11097-3